SÉRIE *O QUE FAZER?*
ALCOOLISMO

Blucher

SÉRIE *O QUE FAZER?*
ALCOOLISMO

Maria de Lurdes de Souza Zemel
Luciana Saddi

Coordenadoras da série
Luciana Saddi
Sonia Soicher Terepins
Susana Muszkat
Thais Blucher

*Agradecemos à amiga Silvia Brasiliano
por sua preciosa revisão técnica.*

Série O que fazer? Alcoolismo
© 2015 Maria de Lurdes de Souza Zemel & Luciana Saddi
Luciana Saddi, Sonia Soicher Terepins, Susana Muszkat, Thais Blucher (coord.)
Revisão Técnica: Silvia Brasiliano

Editora Edgard Blücher Ltda.

Blucher

Rua Pedroso Alvarenga, 1245, 4º andar
04531-934 – São Paulo – SP – Brasil
Tel.: 55 11 3078-5366
contato@blucher.com.br
www.blucher.com.br

Segundo o Novo Acordo Ortográfico, conforme 5. ed. do Vocabulário Ortográfico da Língua Portuguesa, Academia Brasileira de Letras, março de 2009.

É proibida a reprodução total ou parcial por quaisquer meios sem autorização escrita da Editora.

Todos os direitos reservados pela Editora Edgard Blücher Ltda.

FICHA CATALOGRÁFICA

Maria de Lurdes de Souza Zemel
  Alcoolismo / Maria de Lurdes de Souza Zemel, Luciana Saddi; coordenação de Luciana Saddi, Sonia Soicher Terepins, Susana Muszkat e Thais Blucher; revisão técnica de Silvia Brasiliano. – São Paulo: Blucher, 2015.
  (O que fazer?)
  Bibliografia
  ISBN 978-85-212-0975-1

  1. Alcoolismo 2. Alcoolismo – Tratamento – Prevenção 3. Alcoólatras – Aspectos psicológicos I. Título II. Zemel, Maria de Lurdes de Souza III. Brasiliano, Silvia IV. Série

15-1088   CDD-616.861

Índices para catálogo sistemático:
1. Alcoolismo

Conteúdo

A série *O que fazer?* Luciana Saddi	11
Apresentação Maria de Lurdes de Souza Zemel	13
Apresentação Dartiu Xavier da Silveira	15
Prefácio E. A. Carlini	17
Introdução	19
1. Uso e abuso	25
2. O álcool e seu uso	29
2.1 Dependência	32
3. Abstinência	37
4. Uso do álcool nos rituais e os rituais de uso	41
4.1 Ritual de uso e uso ritual	42
5. Alcoolismo e moralidade	43
6. Prevenção	45
7. Compreendendo o dependente	49

8. Grupos de risco   53
   8.1 Jovens   53
   8.2 Aposentados   57
   8.3 Mulheres   58
9. A família   63
10. A despedida do álcool e as recaídas   69
11. Problemas decorrentes do uso do álcool   73
12. Os tratamentos   79
   12.1 Internação   79
   12.2 Tratamentos medicamentosos   80
   12.3 Grupos de autoajuda   81
   12.4 Terapias cognitivas comportamentais ou Intervenção Breve   82
   12.5 Terapias grupais   82
   12.6 Terapias familiares   83
   12.7 Psicanálise ou psicoterapia dinâmica   84
   12.8 Qual tratamento indicar?   85
13. Recomendações   87
14. Conclusão   93
Apêndice I - Filmes que recomendamos   103
Apêndice II - Livros que recomendamos   107
Apêndice III - Instituições de informação e atendimento   109
Referências bibliográficas   113

*"O contrário da dependência
não é a abstinência,
mas a liberdade."*

Dartiu Xavier da Silveira

A série *O que fazer?*

A série *O que fazer?* nasceu de uma dupla necessidade: divulgar de forma coloquial e simples o conhecimento psicanalítico e científico, normalmente restrito à clínica particular, e auxiliar o público leigo a entender determinadas situações e buscar soluções para seus dramas cotidianos.

A Psicanálise tem mais de 100 anos de experiência em diferentes formas de atendimento. Ela é bastante reconhecida pelo sucesso dos resultados e por um conjunto sólido de reflexões a respeito das questões humanas. Acreditamos que temos muito a contribuir com a sociedade de modo geral. Esta série de livros é a prova do desenvolvimento e crescimento de nosso ofício.

Compartilhar dados confiáveis, fornecidos por um profissional capacitado, sobre problemas atuais nas áreas de saúde, educação e família é o nosso objetivo.

Afinal, quem não se sente perdido, sem saber o que fazer, em meio a tanta informação dispersa e disparatada nos mais tradicionais meios de comunicação e nas redes sociais? A série *O que fazer?* procura criar um guia, uma espécie de orientador científico – que ultrapasse a mera lista de informações –, possibilitando a compreensão ampla e profunda de determinada situação ou questão, pois acreditamos que compreender está a meio caminho de solucionar. Contudo, não se engane: estes não são livros de autoajuda, pois solucionar nem de longe é sinônimo de resolver e, muitas vezes, significa apenas aprender a conviver com o que pouco podemos modificar. Mesmo assim, é melhor percorrer um trajeto difícil se este estiver devidamente iluminado.

Luciana Saddi

Apresentação

Se você comprou este livro, sem dúvida tem interesse por este assunto; seja porque alguém próximo a você vive o problema do uso de álcool, seja porque percebe que essa é uma questão social importante e é preciso que tenhamos informações científicas corretas.

Apresentei o problema da forma como o tenho vivenciado na minha clínica durante mais de 40 anos de trabalho. Exemplifico a abordagem com muitas das experiências que tive, tomando cuidado para dar aos implicados nomes fictícios e transformar suas histórias em modelos e não em histórias verdadeiras.

Junto com a coautora, apresento a questão do uso e do uso problemático do álcool, destacando que o indivíduo é o fator mais importante dessa equação e vendo-o à luz dos conhecimentos psicanalíticos.

Não é o propósito deste livro esgotar o assunto, que precisa de constante atualização, mas oferecer uma base para o leitor compreender suas principais implicações. Esta obra tem a vocação de ser um agente na prevenção do abuso do álcool, pois, ao esclarecer os inúmeros fatores envolvidos nessa problemática, convida o leitor a pensar o tema e a quebrar preconceitos.

Espero que você, leitor, possa me acompanhar no caminho do conhecimento e enfrentar, junto comigo, o trabalho de tratar o abuso e a dependência do álcool com menos preconceito e mais respeito com quem sofre desses problemas.

Maria de Lurdes de Souza Zemel

Apresentação

Existem muitas obras a respeito de álcool e alcoolismo. Por se tratar de um tema ao mesmo tempo complexo e cercado de concepções errôneas e preconceituosas, esses textos tendem a apresentar visões muito parciais ou equivocadas sobre o assunto.

O uso do álcool encontra-se amplamente disseminado em todo o mundo, particularmente no Ocidente. A grande maioria dos consumidores utiliza essa droga lícita de forma controlada, o que pode vir a ser até mesmo benéfico para a saúde. Em contrapartida, uma minoria desenvolve padrões de uso inadequados, o que acaba por levar a consequências nocivas e, às vezes, desastrosas para o usuário. Assim, aprendemos que o álcool, como qualquer outra droga, não é algo bom ou mau em si mesmo. O que vai ser decisivo no encontro com esse produto é a relação que estabelecemos com ele. Desta forma, importa não apenas a substância, mas também o indivíduo e o contexto em que se dá esse encontro. Sem esta equação de três fatores (indivíduo, substância e meio ambiente), não se pode apreender o fenômeno na sua totalidade.

Maria de Lurdes de Souza Zemel e Luciana Saddi nos oferecem aqui um texto conciso, porém abrangente sobre o alcoolismo. Sem perder a dimensão da importância dos múltiplos fatores relacionados ao estabelecimento do uso abusivo ou da dependência, conseguem transmitir algo que é essencial ao fenômeno: o ser humano. A dependência não é algo que nos acomete de fora para dentro, como uma doença infecciosa, trata-se muito mais de um processo ativo no qual o usuário de álcool busca um estado alterado de consciência de forma compulsiva e descontrolada — tanto que as autoras destacam que o dependente se distingue do usuário pela perda de capacidade de controle da sua relação com o produto.

O conceito de alcoolismo como doença, em uma concepção simplista, traz o risco de excluir a singularidade do indivíduo na compreensão de um comportamento dependente. Mais do que uma doença em si, a dependência do álcool deveria ser vista como o sintoma de algo disruptivo na organização daquela personalidade. E esta dimensão psíquica pode ser mais adequadamente valorizada através da compreensão psicanalítica daquele ser em sofrimento. Mais do que apenas um comportamento destrutivo, a dependência seria uma forma de organização psíquica que se fez necessária para a sobrevivência daquela pessoa em um dado momento de sua vida. O problema é o preço que o usuário tem a pagar por esta solução de dependência: a perda da sua liberdade. Afinal, o que diferencia o usuário do dependente é a impossibilidade de escolha.

Dartiu Xavier da Silveira

Psiquiatra, analista junguiano; professor livre-docente do Departamento de Psiquiatria da Universidade Federal de São Paulo

Prefácio

Luciana Saddi e minha querida amiga Maria de Lurdes de Souza Zemel (Lurdinha) pediram que eu escrevesse uma introdução para o livro *O que fazer? Alcoolismo*.

Reconheço que não domino muito da área da psicanálise, a não ser o entusiasmo incontido de Freud pela cocaína medicinal e sua frase excepcional de que "o ser humano inventou a ciência para explicar o mundo, a arte para embelezá-lo e a droga para suportá-lo".

E as autoras falam com propriedade do assunto – o alcoolismo –, pois têm muita experiência clínica com pessoas que sofrem com problemas causados pelo excesso de consumo de bebidas alcoólicas.

Com uma linguagem muito esclarecedora, o texto leva o leitor a enxergar o usuário de álcool sob uma perspectiva plena de humanismo e respeito e sem utilizar o estigma do preconceito que nossa sociedade vê no ser humano que vive as consequências negativas do consumo indevido de álcool.

De maneira incisiva, o livro esclarece que a atenção deve ser dirigida não à bebida alcoólica que o homem usa, mas ao homem que usa a bebida alcoólica em excesso, o que, pode-se afirmar, caracteriza um estilo freudiano.

Certamente todos se beneficiarão da leitura deste agradável e útil livro.

E. A. Carlini
Prof. Emérito
Unifesp/EPM

Introdução

O homem sempre usou drogas ao longo da história, em especial o álcool. Na antiguidade, elas tiveram um papel decisivo na constituição das religiões, pois eram consideradas facilitadoras da comunicação com os seres divinos. Posteriormente, foram usadas a fim de auxiliar alguns rituais e também como elemento para fortalecer a solidariedade grupal.

Sempre acompanhando a evolução dos povos e suas especificidades culturais, o álcool e outras drogas ainda são usados de forma recreativa pela maioria das pessoas e de forma ritualística por alguns grupos. No entanto, estudos mostram que uma importante parte da população jovem e adulta substituiu o uso recreacional por um nocivo ou prejudicial, que pode vir a acarretar sérios problemas físicos, psíquicos ou sociais.

Em linguagem comum, droga significa coisa ruim, sem qualidade. Já em linguagem médica, droga é sinônimo de medicamento. Antigamente quase todos eles eram feitos à base de vegetais, e daí veio o termo *droog* (holandês antigo), que significa "folha seca".

Hoje, a medicina define droga como qualquer substância capaz de modificar a função dos organismos vivos, resultando em mudanças fisiológicas ou de comportamento. Por exemplo: uma substância faz com que as células do nosso cérebro (neurônios) fiquem mais lentas (modificação da função) e, como consequência, a pessoa fica mais "mole", mais devagar (mudança do comportamento).

Drogas psicotrópicas, as que nos interessam aqui, são aquelas que atuam alterando de alguma maneira o nosso psiquismo. Se pensarmos na palavra psicotrópico, verificamos que ela é composta de psico + trópico. PSICO é uma palavra grega que se relaciona com nosso psiquismo (psico = alma, espírito, mente), e TRÓPICO aqui se refere ao termo tropismo (trópico = atração por). Assim, fica mais fácil entender a definição apresentada anteriormente.

Existem diversas drogas psicotrópicas que alteram nosso psiquismo em diferentes direções, e cada uma sessas substâncias provoca um efeito. Dividimos-las em três grandes grupos, conforme sua ação no Sistema Nervoso Central (SNC):

1. Depressoras da Atividade do Sistema Nervoso Central diminuem a atividade do cérebro.

2. Estimulantes da Atividade do Sistema Nervoso Central aumentam ou estimulam a atividade do cérebro.

3. Perturbadoras da Atividade do Sistema Nervoso Central provocam mudanças qualitativas na atividade do cérebro.

CLASSIFICAÇÃO DE ACORDO COM A AÇÃO NO SNC

Depressores da Atividade do SNC:
- *Álcool.*
- *Soníferos ou hipnóticos* (drogas que promovem o sono); barbitúricos, alguns benzodiazepínicos.
- *Ansiolíticos* (acalmam; inibem a ansiedade). As principais drogas pertencentes a essa classificação são os benzodiazepínicos. Exemplos: diazepan, lorazepan etc.
- *Opiáceos ou narcóticos* (aliviam a dor e dão sonolência). Exemplos: morfina, heroína, codeína, meperidina etc.
- *Inalantes ou solventes* (colas, tintas, removedores etc.).

Estimulantes da Atividade do SNC:
- *Anorexígenos* (diminuem a fome). As principais drogas pertencentes a essa classificação são as anfetaminas. Exemplos: dietilpropina, fenoproporex etc.
- *Cocaína, crack ou merla.*

Perturbadores da Atividade do SNC:
– De origem natural –
- *Mescalina* (do cacto mexicano).
- *THC* (da maconha).
- *Psilocibina* (de certos cogumelos).
- *Lírio* (trombeteira, zabumba ou saia-branca).
– De origem sintética –
- *LSD-25.*
- *Ecstasy ("Êxtase").*
- *Anticolinérgicos (Artane, Bentyl).*

Fonte: CEBRID. Livreto informativo sobre drogas psicotrópicas. São Paulo, 2013.

Todas as drogas psicotrópicas causam dependência psíquica, e algumas somente dependência física, mas hoje em dia não se faz mais essa distinção, pois considera-se que elas geram dependência. Exemplo:

> *A. é um jovem de 27 anos que bebe abusivamente. Bebe eventualmente durante a semana, mas sempre exagera nos finais de semana. Aos sábados, a atividade de beber se inicia na hora do almoço e dura até o final da noite; no domingo, isso se repete. Ele não consegue cumprir sua atividade profissional na segunda pela manhã, porque está sempre muito enjoado e "empapuçado"; passa a segunda-feira fazendo uma desintoxicação pessoal ("bebo muita água e faço atividade física para desinchar"). O final de semana também não inclui o contato com os amigos, porque eles têm outros interesses além da bebida. Ao se encontrar com alguma menina, nunca lembra o que realmente "rolou" - "então prefiro ficar sozinho para não dar vexame".*

Dependência – Caracteriza-se pela perda do controle do uso e por prejuízos nas diversas esferas da vida: pessoal, familiar, trabalho, lazer, jurídica etc.

Abstinência – São sinais físicos (cãibras, dores de cabeça) ou psíquicos (ansiedade, depressão) que acontecem pela interrupção do uso da droga.

Tolerância – É o estado do organismo ou do psiquismo em que a quantidade de droga precisa ser aumentada para que se obtenha o prazer anterior.

Esses três fatores (tolerância, abstinência e dependência) têm relação com o tipo de droga consumida e também com o estado físico e psíquico de quem a usa. Exemplo:

> *P. é um jovem de 17 anos. Está muito magro e muito deprimido, não frequentou a escola no último ano. A mãe de P. se suicidou. Ele usa diariamente maconha há 2 anos, em uma quantidade tão grande que precisou reduzir o uso para poder ser medicado. Sempre que tenta parar de consumir a droga, fica muito irritado e agressivo. Essa irritação é sua justificativa para não sair de casa e ir para escola. P. não consegue associar esse estado nem com o uso abusivo da droga, nem com a falta dela na segunda-feira; sempre explica sua irritação como resultado da solicitação do seu pai pedindo que ele levante alguns minutos antes do horário, por exemplo.*

A maconha causa dependência, e P. está dependente. Ele usa a droga como uma forma de medicar sua depressão e, quando não pode consumi-la para ir à escola, por exemplo, sua irritação aparece, e isso é a justificativa de continuação do uso.

Além da classificação das drogas por sua ação no SNC, podemos classificá-las de acordo com a lei. Neste sentido, elas podem ser lícitas ou ilícitas.

CLASSIFICAÇÃO DE ACORDO COM A LEI

Drogas Lícitas:
- *Álcool*
- *Tabaco*

Drogas Ilícitas:
- *Maconha*
- *Cocaína*
- *LSD-25*
- *Anfetaminas*
- *Ecstasy* ("Êxtase")

Do ponto de vista da lei, podemos usar e abusar somente das drogas lícitas.

1. Uso e abuso

Figura 1.1 – Uso, abuso e dependência.

Podemos usar de modo seguro todas as drogas. Os fatores que nos fazem sair da etapa do uso para a etapa de dependência, tanto das drogas lícitas como das ilícitas, são inúmeros. Vejamos alguns:

- Tipo de droga – por exemplo: para que, do ponto de vista físico, uma pessoa fique dependente do álcool, é preciso que ela faça uso dele insistentemente durante muito tempo. Assim, esse hábito pode logo se instalar e conduzir mais rapidamente ao abuso e, consequentemente, à dependência.

- Nosso estado físico – por exemplo: por sua constituição física, uma mulher fica muito mais exposta à dependência do álcool que um homem. Um usuário de crack que vive no submundo da cracolândia está muito mais prejudicado que um usuário de crack que se alimenta e vive em boas condições de higiene.

- Nosso estado psicológico – pense em uma situação extrema como a da guerra, em que existe grande oferta de drogas e muita necessidade de se obter alívio para o sofrimento e a precariedade da vida. Há muitos outros casos em que podemos recorrer ao uso de droga, como o de doença grave, ou de dor física e psíquica diante, por exemplo, da morte de um ente querido. Entretanto, há estados de depressão ou de euforia e até mesmo abandono que se instalam sem que haja alguma circunstância ou ocorrência externa como disparador.

O grande problema é que cada um de nós vai se constituindo no transcorrer do tempo e no decorrer das experiências. Alguns criam ou têm naturalmente mais condições que outros para lidar com as diversas situações da vida; essas possibilidades diferem muito de pessoa para pessoa, e não existem dados que mensurem quantas doses podemos usar de cada droga com a garantia de que não ficaremos dependentes. Contudo, existe a possibilidade de, ao examinarmos nossas características pessoais, prevenirmos os futuros problemas decorrentes do consumo de alguma droga. O autoconhecimento e a autoavaliação são ferramentas que usamos para saber se estamos ultrapassando algum limite, para entender o que estamos fazendo com nossas vidas. As psicoterapias são instrumentos que nos auxiliam nesse caminho.

A grande chance de prevenção está na habilidade de cada indivíduo de conhecer suas capacidades e contar com elas, assim como na de perceber suas incapacidades e pontos frágeis para se defender delas. Chamamos isso de recursos pessoais para lidar com os problemas, e esses recursos podem ser desenvolvidos mediante ajuda especializada.

Quadro 1.1 – Fatores de risco e de proteção, vulnerabilidade e resiliência

---

Fatores de risco – São os que convergem para a construção das circunstâncias do consumo abusivo, tornando a pessoa mais vulnerável a ter comportamentos que podem levar a esse uso. Fatores de proteção – São os que colaboram para que o indivíduo, mesmo tem contato com a droga, tenha condições de se proteger, ou seja, trata-se do que contrabalançam as vulnerabilidades.

Vulnerabilidade – É um aspecto pessoal ou grupal que é "nevrálgico", o que chamamos de "nosso ponto fraco". Uma pessoa que teve pais alcoolistas, por exemplo está em depressão e começa a beber é mais vulnerável a ter uma dependência instalada do que outra que não tenha o antecedente.

Resiliência – Do ponto de vista psicológico, resiliência é a capacidade de cada pessoa de vencer ou superar as adversidades da vida (como o uso nocivo de drogas, por exemplo).

Já sabemos hoje o que são situações de risco, o que são situações de proteção de cada indivíduo ou de cada família, ou ainda de algumas culturas. Na página anterior, vemos um quadro com definições que nos ajudam a entender como pensar em prevenir ou identificar as possibilidades e os limites de cada um diante do uso do álcool.

2. O álcool e seu uso

O álcool etílico (aquele que bebemos) é um produto da fermentação de carboidratos (açúcares) presentes em vegetais como a cana-de-açúcar, a uva e a cevada.

Na atualidade, é a droga psicotrópica de uso e abuso mais amplamente disseminada no Brasil e a que mais prejuízos traz a nossa população.

O álcool é uma droga depressora do SNC – permitida pela lei brasileira, para os maiores de 18 anos. No início da ingestão, provoca uma sensação euforizante (ficamos "alegrinhos"), mas em seguida nos deixa moles, tontos, com sono.

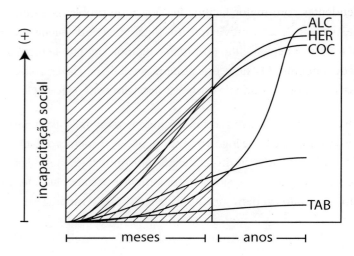

Figura 2.1 – Risco de incapacitação social provocado pelo uso das drogas, levando-se em conta o tempo de uso. Adaptada de MASUR; CARLINI, 1989.

Sempre foi usado como elemento para festejar o encontro entre as pessoas e ainda pode ser utilizado com esse fim. A questão é podermos observar não apenas a quantidade de álcool que ingerimos, mas também nosso estado físico e psíquico quando fazemos essa ingestão e o momento em que isso é feito – é muito diferente beber uma cerveja depois do expediente e fazê-lo antes de uma reunião de trabalho.

Nossa proposta é apresentar esse problema – o alcoolismo – para que você, leitor, desenvolva a capacidade de observação, discernimento e cuidado com a pessoa que tem, no momento, uma relação perturbada com a bebida, seja ela você, seja um parente, seja amigo.

Vamos, então, falar mais sobre o uso do álcool.

Algumas pessoas podem consumir essa droga – e, em algumas ocasiões, abusar dela – e nunca ficarem dependentes. Outras, por suas características pessoais, sua constituição física e até seu gênero, ficam dependentes com maior facilidade. O grande problema é que não existe nenhum exame prévio que nos diga "você pode beber muito e nunca vai ficar dependente" ou então "cuidado, você tem tendências a ficar dependente". O exame que podemos e devemos fazer é observar nossa vida, nosso estado de humor e a relação com o álcool.

É comum escolhermos quando queremos ou não beber. Se hoje, por exemplo, meu time jogou e ganhou, posso comemorar bebendo. No entanto, se estou muito chateado porque briguei em casa e o dia foi pesado, devo considerar que é melhor não beber. Decisões como "hoje não cai bem" ou "hoje cai bem" dão a medida de nossa vulnerabilidade ao álcool. Se estou contente, o dia foi bom, meu time ganhou, mas meu estômago está doendo, é melhor não beber. Ao ingerirmos a bebida alcoólica de "barriga vazia", provocamos um efeito ainda maior do álcool, por isso é importante observar a si mesmo para perceber quando e de que forma a bebida é usada. É possível ingeri-la de uma forma responsável, cuidando de si e administrando o uso da bebida para não haver prejuízos.

Precisamos observar se nos valemos de qualquer fato como justificativa para comemorações e, com isso, legitimar o uso e o abuso do álcool. Cuidado com o autoengano: meu time ganha o campeonato, por exemplo, eu bebo. Meu time perde o campeonato, eu bebo. É melhor desconfiar um pouco, principalmente quando eu passo a ingerir álcool por vários motivos diferentes. Por isso, não é raro escutarmos: "Estou bebendo por tudo".

Sabemos que, se estamos muito tristes ou deprimidos, a bebida provoca um efeito diferente. Se estamos sob efeito de alguma medicação, também pode haver uma interação prejudicial, mas quem cuida de nós em situações como essas? Em geral, nós mesmos. Por isso o álcool é vendido para maiores de 18 anos, pois se espera um uso responsável da droga.

Muitas vezes, por necessidade de aprovação, acabamos imitando, copiando ou fazendo o que o outro faz, mas nem sempre isso atende às nossas necessidades e algumas vezes até nos agride. Exemplo:

> H. tem 21 anos, é um estudante universitário e tem muitos problemas psicológicos. Já teve um surto psicótico pelo uso abusivo de maconha e foi internado por sua família. Hoje ele faz acompanhamento psiquiátrico e psicanalítico e tem, por parte de seu psiquiatra, a recomendação de não usar qualquer droga. H. tem um grupo de amigos desde os 13 anos e semanalmente encontra-se com eles em determinado bar. Todos bebem abusivamente, inclusive H., que justifica seu uso dizendo: "Não posso ser diferente deles, pois, já que não consigo ficar com nenhuma menina se não beber, vão pensar que sou gay".

É importante saber que o ambiente também influi no desenvolvimento ou não da dependência. Já se constatou, em pesquisas, que os usuários de drogas provêm de famílias com mais membros que fazem uso de algum tipo de droga.

É mais fácil nos enganarmos sobre os prejuízos do consumo de álcool, ou mesmo dos nossos próprios excessos, justificando que é uma droga legal e de amplo uso social. Dessa forma, não é incomum ouvirmos de uma pessoa que anda bebendo problematicamente frases como: "Ah! Todo mundo bebe", "É só cerveja!" ou "É só na balada!"

2.1 Dependência

Dependência é o nome científico para o que chamamos popularmente de vício. No caso do álcool, o dependente é o alcoólatra ou alcoolista. Exemplo:

J. sempre disse que não era alcoólatra, defendendo-se com frases como: "Afinal, eu nunca caí na sarjeta!" ou "Eu bebo todo dia?" J. não percebia que, com o passar do tempo, sua compulsão para beber aumentava, e o seu controle sobre o uso diminuía progressivamente. Não foram poucas as vezes que, após um desmaio, ou uma bebedeira seguida de uma forte ressaca, ele prometeu a sua família ou a si mesmo não beber mais, ou ainda, só tomar duas doses. Entretanto, após cada saída, sempre tinha uma justificativa para seu descontrole: "Era o casamento do meu melhor amigo!" ou "Ano Novo não dá!" Quando começou a ter problemas sexuais chegou a culpar o álcool, mas depois atribuiu a dificuldade de ereção ao estresse, dizendo que precisava somente relaxar, que "depois das férias passa".

Dependência é um estado de aprisionamento em que o indivíduo precisa da droga para equilibrar-se. É quando o álcool se coloca e é colocado, sempre, como o primeiro elemento da sua vida.

Antigamente, diferenciávamos as drogas entre as que causavam dependência física e as que ocasionavam dependência psicológica. Atualmente, sabemos que a dependência é um quadro único que, em função da substância utilizada, pode suscitar sintomas físicos, e todas as drogas psicoativas ou psicotrópicas têm o poder de causar dependência.

Os sintomas físicos que caracterizam a dependência formam um conjunto de sinais que são acalmados com a ingestão da própria droga. Pela manhã, por exemplo, o alcoolista tem vômitos e tremores, pois passou a noite bebendo. Para parar de tremer e vomitar, ele precisa ingerir álcool novamente.

Os sintomas psíquicos que caracterizam a dependência, por sua vez, são manifestados pelo desejo de consumir a droga. A interrupção do uso do álcool pode trazer muita ansiedade, muita insegurança, muita tristeza, por exemplo, e a retomada dessa ingestão também acalma essa sintomatologia.

Atualmente, ao considerarmos as consequências funcionais do "transtorno por uso de álcool", destaca-se que as principais áreas de funcionamento da vida podem ficar prejudicadas. Dentre elas estão a condução de veículos, a operação de máquinas, a escola, o trabalho, o relacionamento, a comunicação interpessoal e a saúde.

O caminho da dependência é assim: usamos o álcool (bebemos de tudo, desde destilados até fermentados). Aos poucos, vamos estabelecendo com ele uma relação tão estreita que não conseguimos mais ficar sem usá-lo. Quando não bebemos, nos sentimos tristes, sem graça, ou não aproveitamos o programa de que estamos participando. Fazemos escolhas, mas quase não percebemos os motivos que nos levam a elas. Passamos a beber só cerveja, por exemplo, e muitas vezes vamos justificando, explicando que essa bebida alimenta, não tem tanto álcool como os destilados etc. Ainda mantemos nossos compromissos familiares, profissionais e sociais. Achamos que não estamos causando nenhum mal, pois bebemos no final do dia, na nossa cadeira, em casa. Aos poucos percebemos que não conseguimos dormir se não bebermos. Um dia acordamos enjoados e "precisamos" beber – a bebida "cura" o enjoo. Outro dia, no final da tarde, nossas mãos tremem e, ao bebermos, verificamos que o tremor passa. Pronto, está estabelecida nossa dependência do álcool. Agora é preciso procurar ajuda médica para deixar de ingerir o álcool. Já não conseguimos mais sozinhos.

Esse caminho da dependência, descrito de forma bem rápida e sucinta, pode demorar muitos anos, mas, em alguns casos, sua instalação é rápida. Vejamos um exemplo de como o alcoolismo se estabelece. Observe como existem muitos sinais indicando um uso problemático dessa substância:

> A., desde os 12 anos, já exagerava na bebida. Na época, justificava suas ações não se comprometendo com o uso abusivo de álcool, e sua família "apoiava", ou "aceitava" suas justificativas. Aos 14 anos, dava sinais de problemas em relação ao consumo indevido dessa droga, mas não encontrava nenhum breque para isso. Em seguida, antes mesmo dos 18 anos, passou a bater os carros da família e depois engravidou sua namorada de 16 anos. Talvez A. precisasse de alguém que o orientasse ou até mesmo estabelecesse limites para ele, mas seus pais também estavam "como que entorpecidos" pelas próprias questões e, portanto, impedidos de "ouvir" os pedidos de cuidado de A.

3. Abstinência

Quando existe uma história de consumo intenso e prolongado de álcool, um marcador diagnóstico importante é a abstinência. De modo geral, a presença dela está associada a um maior prejuízo funcional e a um prognóstico desfavorável.

Os critérios diagnósticos para a abstinência de álcool, de acordo com o Manual Diagnóstico e Estatístico de transtornos Mentais (DSM 5, 2014), são:

> *A) Cessação (ou redução) do uso intenso e prolongado de álcool.*
>
> *B) Dois (ou mais) dos seguintes sintomas, desenvolvidos no período de algumas horas a alguns dias após a cessação (ou redução) do uso de álcool descrita no Critério A:*
>
> *1. Hiperatividade autônoma (por exemplo, sudorese ou frequência cardíaca maior que 100 bpm).*

2. *Tremor aumentado nas mãos.*

3. *Insônia.*

4. *Náusea ou vômito.*

5. *Alucinações ou ilusões visuais, táteis ou auditivas transitórias.*

6. *Agitação psicomotora.*

7. *Ansiedade.*

8. *Convulsões tônico-clônicas generalizadas.*

C) Os sinais ou sintomas do Critério B causam sofrimento significativo ou prejuízo no funcionamento social, profissional ou em outras áreas importantes da vida do indivíduo.

A abstinência do álcool ocorre na forma de episódio com duração de 4 a 5 dias e apenas após períodos prolongados de consumo intenso. Ela é relativamente rara em indivíduos com idade inferior a 30 anos, e o risco e a gravidade aumentam com a idade.

A probabilidade de desenvolver a abstinência aumenta com a quantidade e com a frequência do consumo da substância. A maioria das pessoas com essa condição bebe diariamente e ingere essa droga em grandes quantidades (aproximadamente mais de oito doses por dia) durante vários dias.

Há um risco aumentado para abstinência nas pessoas:

- com problemas médicos concomitantes;
- que tiveram abstinência de qualquer outra substância anteriormente;

- que consomem sedativos, hipnóticos ou ansiolíticos;
- que têm transtornos da conduta ou transtornos da personalidade antissocial;
- mais velhas;
- que apresentam dependência de outras drogas;
- que sofreram abstinência de álcool anteriormente.

A intoxicação por álcool, que se desenvolve durante ou logo após a ingestão da droga, tem os seguintes critérios diagnósticos, de acordo com o DSM-5 (2014):

A) Ingestão recente de álcool.

B) Alterações comportamentais ou psicológicas clinicamente significativas e problemáticas desenvolvidas durante ou logo após a ingestão de álcool. Alguns exemplos são: comportamento sexual ou agressivo inadequado, humor instável e julgamento prejudicado.

C) Um (ou mais) dos seguintes sintomas, desenvolvidos durante ou logo após a o uso de álcool:

1. Fala arrastada.

2. Falta de coordenação.

3. Instabilidade na marcha.

4. Nistagmo: oscilações rítmicas, repetidas e involuntárias de um ou ambos os olhos.

5. Comprometimento da atenção ou da memória.

6. Estupor ou coma.

D) Os sinais ou sintomas que não são atribuíveis a outra condição médica nem explicados por outro transtorno mental, incluindo intoxicação por qualquer substância.

4. Uso do álcool nos rituais e os rituais de uso

Desde os tempos pré-históricos, praticamente todas as culturas tiveram experiências com as propriedades euforizantes e intoxicantes do álcool. Os rituais religiosos incluem a bebida alcoólica nas suas celebrações, seja na igreja católica, com o vinho como o representante do sangue de Cristo, seja na celebração de algumas festas judaicas como a de *Pessah*, por exemplo, em que até as crianças tem autorização para tomar o vinho distribuído pelo patriarca.

Na cultura brasileira, a bebida também é bastante usada em rituais. Nordestinos "bebem o morto" enquanto velam uma pessoa. Famílias da região Sul descendentes de alemães fazem suas comemorações com churrascos e muita cerveja, e até reproduzem uma grande festa alemã chamada *Oktoberfest*. No estado de Minas Gerais, são conhecidas as boas cachaças produzidas lá mesmo e que hoje têm um mercado que compete até com o uísque escocês.

4.1 Ritual de uso e uso ritual

Chamamos de rituais de uso ou uso ritual o uso de qualquer droga respeitando um ritual. Nos anos 1970, por exemplo, os usuários de maconha faziam rodas de fumo, enrolavam os cigarros juntos e curtiam seus efeitos. Antes do aparecimento da Aids, os usuários de drogas injetáveis partilhavam a mesma seringa e, inclusive, injetavam em si o sangue do parceiro.

Sabemos que os rituais de uso ou os usos rituais são "protetores", isto é, dificultam que o consumo seja problemático ou resulte na dependência de álcool e de outras drogas. A Secretaria Nacional de Políticas sobre Drogas (Senad) autorizou o uso da "aiuasca" (um alucinógeno), desde que ele seja feito dentro do ritual religioso (Santo Daime, União do Vegetal) e não seja distribuído a crianças e grávidas. Nas décadas de 1960 e 1970, os jovens usavam a maconha, como mencionado, enrolando o "baseado" juntos e com uma finalidade comum que poderia ser ouvir música, por exemplo. Hoje, porém a maioria dos rituais está em desuso. Todos nós temos muito pouco tempo para nos dedicarmos a uma celebração. Consumimos as datas, consumimos a vida e consumimos as drogas. Fazemos e não pensamos sobre nossas atitudes.

5. Alcoolismo e moralidade

O alcoolismo sempre esteve acompanhado de um julgamento moral. O alcoolista era chamado de alcoólatra (adorador do álcool) e o olhar leigo ou médico para ele era de que tudo dependia da sua vontade. Então, indivíduo era visto como uma pessoa fraca, "sem força de vontade", que pararia de beber com facilidade, se quisesse. Mesmo os especialistas que cuidavam de usuários de drogas tinham instituições diferentes para os usuários de álcool.

Até hoje, há grande resistência em colocarmos todas as drogas dentro de uma mesma categoria, existindo a separação entre o álcool e as outras drogas. Isso não acontece por ser o álcool uma droga lícita. O tabaco, igualmente permitido por lei, também ocupa uma posição equivalente, mas está ainda mais isolado das outras drogas. Apesar da insistência dos médicos, ele é considerado uma droga à parte, como se não fosse droga. Boa parte dos tratamentos não incluem tabaco em sua abordagem, ou o abordam separadamente. Quem cuida da dependência dessa droga hoje em dia são os centros de pulmão. A diferença em relação ao álcool é que o usuário de tabaco não é considerado um cidadão de outra categoria, enquanto o de álcool, como vimos, sofre muitos preconceitos. Ainda assim, a questão de encarar os usuários de ambas as drogas como pessoas sem força de vontade é a mesma, e a consequência dessa postura é que eles não recebem tratamento adequado. É como se não houvesse um problema de saúde pública, que exige campanhas de esclarecimento à população e abordagem multidisciplinar. Desse modo, toda a complexidade dessa situação é reduzida simplesmente à vontade.

Acreditamos que as indústrias do álcool e do tabaco influenciam muito a visão que temos desses usuários. Para elas, é melhor que os usuários sejam vistos como pessoas fracas e não como indivíduos que estão doentes. Deve-se levar em conta que essas indústrias são grandes pagadores de impostos, e ao governo não interessa nem fazer uma campanha preventiva e muito menos ampliar e aprimorar o tratamento.

Do ponto de vista médico, existe a Classificação Internacional de Doenças, Lesões e Causas de Óbito (CID), da Organização Mundial da Saúde – OMS, publicada periodicamente há mais de um século (desde 1903) e atualmente em sua décima revisão (CID-10).

Somente no CID-10 *(World Health Organization,* 1993) encontraremos a categoria F10 – Transtornos mentais e de comportamento decorrentes do uso de álcool, na qual todas as substâncias psicoativas foram colocadas em uma mesma categoria (inclusive o álcool). Anteriormente, o alcoolismo era considerado uma doença constitucional, mas no CID-9 apareceu pela primeira vez o conceito de "dependência". Apesar de essa enfermidade ter sido diagnosticada já no século XVIII, só no século XX o problema passou a ser considerado como de saúde e, portanto, pertinente à área médica.

6. Prevenção

No mundo todo, muitos movimentos foram feitos para prevenir o uso do álcool, sendo que a iniciativa que durou mais tempo aconteceu no final do século XVIII, nos Estados Unidos com o nome de "Movimento da Temperança" (temperança no sentido de moderação).

O movimento era dirigido especialmente contra o consumo excessivo de álcool e a embriaguez, que eram condenados por princípios morais, médicos, econômicos e nacionalistas. Do ponto de vista do produto, o principal alvo eram os destilados, em razão de sua grande concentração de álcool.

Em 1830, porém, já existiam divisões dentro do próprio movimento. O grupo que sobressaiu era o dos "absolutistas", que pregavam a "abstinência total" e a proibição total de bebidas alcoólicas com a justificativa de que, do primeiro gole para a "sarjeta", o caminho seria muito curto. Mesmo sendo derrotados na Convenção Nacional do Movimento (em torno de 1840), foram se fortalecendo e, em 1851, obtiveram uma vitória importante ao conseguirem a proibição da venda de bebidas em um estado americano. Essa plataforma tinha seus próprios candidatos e fazia grande propaganda ligando o álcool aos problemas sociais como a corrupção política, a prostituição e até a insuficiência industrial. Após a Primeira Guerra Mundial, o congresso americano aprovou a Emenda à Constituição, que proibia em todo o país a fabricação e a venda de bebidas alcoólicas, iniciando assim o período (de 1920 a 1933) chamado de Lei Seca.

Esperava-se que uma proibição nacional colocasse fim nos problemas associados ao álcool, mas o resultado foi que apenas pararam de beber as pessoas para quem essa droga nunca havia sido importante ou a quem não trazia problemas. A grande maioria da população passou a se valer de traficantes de álcool ou do uso de misturas extremamente tóxicas que imitavam o produto. Na época, os traficantes eram organizados pela máfia. Em 1933, a chamada Lei Seca foi revogada sob forte pressão pública.

Resquícios dessa ideologia perduram até hoje entre nós. Ainda consideramos que os indivíduos não param de beber porque "não têm força de vontade" e "não querem parar". Muitas vezes compreendemos o usuário de outras drogas, mas negamos ao de álcool um olhar que examine e compreenda sua situação e seu problema.

Reagimos com raiva, de forma semelhante à forma como o álcool age e reage, cegamo-nos para o problema e nos assemelhamos a ele. Julgamos no lugar de ajudar. A arrogância, a mentira, o hálito de álcool, a negação diante dos prejuízos causados pela bebida alcoólica nos incomoda muito, irrita, e assim ficamos como um juiz diante desse indivíduo que realmente está precisando muito dos nossos conhecimentos, dos nossos cuidados e da nossa atenção.

Muitos profissionais de saúde pedem abstinência total para todos seus pacientes e obtêm isso agora por meio da "lei da medicação", isto é, ministram a seus pacientes medicações que exigem deles o afastamento do álcool. Sabemos hoje que o antietanol é uma substância perigosa, e o uso concomitante de álcool pode inclusive levar à morte. Por isso, ele não é vendido sem receita, o que não era comum há 30 anos, quando até os programas de rádio falavam "põe tira-álcool na comida dele!".

Esse controle externo por meio do uso de medicação, sem o conhecimento do alcoolista ou sua concordância, nega a importância do indivíduo dentro dessa equação. Nega que cada indivíduo tem uma formação particular e características pessoais que são os ingredientes necessários para o desenvolvimento de um tratamento. Exemplo:

> B. era um homem de 40 anos e já bebia todos os dias. Foi trabalhar administrando motéis. O ambiente era sempre muito tenso, havia brigas de casais, tráfico de drogas e todo tipo de problemas que podem acontecer nesse tipo de lugar. Mas B. passou a ser um empresário do ramo de motéis e ganhou muito dinheiro com isso. Quando chegou ao meu consultório, vinha tão alcoolizado que era trazido pelo seu filho que o colocava sentado em uma cadeira na minha frente e saía. Muitas vezes, ele dormia sentado na minha frente a sessão toda. Quando ele ia embora, eu tinha que ligar os ventiladores e abrir as janelas para sair o cheiro de álcool. Assim passamos quase um ano e foi muito difícil para nós dois. No ano seguinte falamos de álcool, doses, tipos de bebidas... e prosseguimos juntos até que pudemos começar a falar de outras coisas da vida e B. decidiu não beber mais. Foi fazendo uma redução de suas doses e ficou abstêmio.

Outro exemplo:

> *Em um congresso sobre o assunto, um colega me disse que seus pacientes não compareciam ao grupo terapêutico. Era uma exigência dele que o paciente não estivesse alcoolizado para participar do grupo. Acontecia que eles, antes do horário da reunião, ligavam avisando que estavam impossibilitados de virem. O argumento que usei com meu colega foi: "Nenhum de nós pede ao paciente que deixe de fora da sala de tratamento sua patologia... não podemos dizer ao nosso paciente obsessivo, por favor, não faça rituais durante nossa consulta, Se quisermos trabalhar com essa questão, temos que suportar o abuso do nosso paciente".*

Aos poucos, separou-se a prevenção da repressão. Muitos estudos científicos foram realizados, e muitas experiências de prevenção aconteceram e foram avaliadas. Ficou claro que as famosas palestras sobre drogas não tinham nenhum efeito preventivo e que cada país, estado, cidade ou instituição teria que considerar sua realidade e suas possibilidades para fazer um projeto. Ficou claro também que era necessário ampliar o conhecimento científico de nossos técnicos, e a Secretaria Nacional de Políticas sobre Drogas (Senad), órgão do governo federal, promoveu cursos *online* para a comunidade. Contudo, esse esforço tem que ser contínuo e incansável, pois nossa "moralidade" e nosso preconceito são reforçados pela mídia, que nem sempre ajuda nessa tarefa.

O Senad distribui aos veículos de comunicação um caderno de recomendações elaborado por um grupo de técnicos. Muitos veículos, no entanto, ainda abordam o problema de maneira parcial, dando mais destaque às questões criminais que às sociais e de saúde.

7. Compreendendo o dependente

Ao nascer, o bebê é totalmente dependente de cuidados externos, está desamparado e não tem nenhuma condição de providenciar o que necessita para sua sobrevivência. A mãe (ou um cuidador responsável) procura compreender suas necessidades para lhe oferecer satisfação e conforto. O bebê não percebe que a satisfação vem de um outro independente dele. Ele chora, e aparece o leite, grita e ganha um banho, de modo que não distingue entre ele e a mãe, que é sentida como se fosse um apêndice seu. À medida que cresce e que experiências de frustração ocorrem – e essas são, em geral, inevitáveis –, o bebê vai se dando conta de que a mãe (ou o cuidador) está separada dele e que ele precisa agir por conta própria para obter certos confortos e se satisfazer.

Esse é um processo longo para nossa espécie, que nasce desprovida de recursos de sobrevivência e que precisa de cuidados por muitos anos até alcançar a autonomia e a independência.

Do ponto de vista psicanalítico, uma pessoa dependente é aquela que não conseguiu efetuar essa separação de forma adequada a fim de favorecer seu crescimento. Ela ainda espera (inconscientemente) que alguém ou algo a satisfaça completamente e, ao entrar em contato com o álcool, estabelece ele uma relação de intimidade mágica, como se esse produto substituísse seus primeiros cuidadores, como se encontrasse a panaceia para seus males, e a ele adere, para, lentamente ou não, perder sua autonomia e a independência.

Algumas ideias desenvolvidas pela psicanálise podem nos ajudar a compreender o que se passa com o dependente de álcool e drogas. Compreendê-los é um passo muito importante para levá-los ao tratamento, pois já sabemos que julgá-los não os ajuda a sair da condição em que se encontram. Ao contrário, isso só piora o quadro.

Acredita-se, em função da forte regressão que se apresenta nesses casos, haver uma relação estreita entre essa sintomatologia e as primeiras experiências de vida, quando o bebê se sente fusionado com a mãe, vivendo em um estado de indiferenciação. Essas ideias são frutos da observação dos pacientes que vão às clínicas e, muitas vezes, norteiam o trabalho dos analistas com esses pacientes.

Como dissemos, o bebê é completamente desamparado e dependente da mãe, portanto, é nas interações com ela que se iniciam os primeiros reconhecimentos de si. A mãe é quem diz ao bebê quem ele é e o que sente; o olhar materno delineia os primeiros traços de identidade humana. Ela identifica no choro da criança as suas necessidades e carências. Ao cuidar do bebê, ela (sem perceber) indica o que se passa com ele e fornece informações afetivas sobre quais são suas características de personalidade. Acredita-se que, para os dependentes de álcool e outras drogas, tenha havido uma falha nessas primeiras interações, como se não encontrassem uma mãe capaz de discriminar para eles que estão vivos, que sentem necessidades, que possuem sensações e sentimentos – por diversos motivos, elas não conseguem apresentar ao bebê o mundo e, principalmente, não conseguem apresentar a ele quem ele é. Esse vazio causado pelas primeiras e necessárias interações afetivas marca uma profunda falta de sentido na criança.

Esses pacientes se encontram em um considerável estado de desamparo, é como se vivessem sem um membro importante. A imagem mais apropriada para entendermos a vivência psíquica do dependente é a da amputação física, é como se lhes faltasse uma parte, estão frágeis demais. O álcool e as demais drogas fazem as vezes dessa parte faltante, agem da mesma forma que a alucinação de um membro fantasma para alguém que sofreu uma amputação. Entram na vida do dependente como uma cola, que grudaria ao corpo o membro perdido, permitindo que o dependente se apresente com a sensação de que é uma pessoa inteira e possibilitando que acredite na sua própria existência. Ser um usuário de drogas passa a funcionar como uma matriz de identidade, um primórdio de ser – uma condição melhor do que a de ser nada.

Como dissemos, lentamente o bebê vai desenvolvendo recursos para lidar consigo e com a realidade. Essa medida é dada pela condição de separar-se da mãe gradualmente e de internalizar os cuidados recebidos dela para cuidar de si por si mesmo, até conquistar a independência e a autonomia. Como no início da vida prevalece o desamparo e a angústia (não é à toa que bebês choram tanto), é comum usarmos mecanismos mágicos para aplacarmos as angústias e os terrores dos primeiros meses de vida. A negação é um dos mais fortes mecanismos psíquicos e, nesses casos, é usada para negar a separação com a mãe, negar a impotência inerente à condição infantil e humana. A droga ou o álcool se apresentam como um remédio ideal que transforma a impotência em onipotência; e o dependente em posse dessas substâncias se acredita um super-homem, totalmente independente, superior a tudo e a todos, mas que, paradoxalmente, se transformou num dependente de drogas.

Algumas vezes, essa dependência, sendo um sinal de que algo muito grave se passa com o indivíduo, pode levá-o a se tratar. Na maior parte das vezes, o tratamento não se resume a simplesmente parar de usar as drogas ou o álcool, ou a mudar a relação que o dependente tem com essas substâncias. O tratamento precisa e deve ir além desses primeiros passos, pois cria as condições para o autoconhecimento, para a elaboração de uma identidade própria, possibilitando o nascimento de um sujeito único, singular e responsável por si. A drogadição e até mesmo a loucura servem, são meios, para que se realize a busca de sentido para a própria existência.

O dependente ou aquele que faz um uso nocivo ou prejudicial de substâncias psicotrópicas em geral não se conhece, não sabe de seus desejos, não reconhece suas fantasias nem discrimina seus sentimentos; vive confuso e perdido. Não se percebe, não se dá conta de seus medos e sofrimentos. Também não reconhece suas carências e dificuldades, nem os impedimentos para realizações de algumas vontades. Faltam a ele as condições para criar um repertório próprio e falta entrar em contato com os repertórios armazenados em sua história de vida. Quanto mais nos conhecemos, mais enriquecidos ficamos, pois nos apropriamos de um patrimônio fundamental. Portanto, ao falarmos do dependente, encontramos uma pessoa empobrecida, com poucos recursos, se defendendo da ligação com outros seres humanos (essa que sempre causa dor e medo) e da ligação com seu próprio mundo de sentimentos, sensações e desejos. A droga entra em suas vidas como uma possibilidade mágica de produzir conhecimento, autoconhecimento e evitar a dor e o medo que as ligações amorosas, sexuais ou não, costumam causar.

8. Grupos de risco

O álcool tem sua força. É uma droga que atua no sistema nervoso central e causa dependência. Quem encontra no álcool uma resposta, quem o usa para preencher vazios, amenizar angústias ou driblar dificuldades, é sempre alguém de carne e osso. Quem insiste no abuso é uma pessoa – pode ser você, leitor, ou um parente ou um amigo próximo. Essa substância sempre interage com alguém, e essa interação pode ser prazerosa ou vir a ser muito destrutiva.

Vamos destacar aqui três populações: os jovens, as mulheres e os aposentados, ressaltando seus comportamentos de risco e suas diferentes vulnerabilidades.

8.1 Jovens

O conflito entre dependência, independência e autonomia está bastante acirrado na juventude. Embora o jovem tenha conquistado grande dose de independência e tenha desenvolvido recursos para lidar com situações fora do âmbito familiar, ele ainda não conquistou a autonomia, que significa falar em nome próprio, ter ideias próprias e se responsabilizar integralmente por si. Ele procura negar a dependência dos pais e cuidadores, quer se sentir mais autônomo e mais independente do que realmente é. Assim, transgride as regras e se revolta contra a família e a lei – esta um representante mais abstrato dos pais, que foram os primeiros a lhe impor princípios morais.

O jovem é "do contra", e é assim que ele se constitui e se fixa nesse longo período chamado adolescência; até que possa ganhar um contorno próprio e se sentir alguém singular, único, ele marcará posições pela negatividade. Ser "do contra" é muito diferente de ser algo ou ser por alguma coisa específica, afirmativa. Apenas a conquista da autonomia nos confere singularidade e nos dá um lugar próprio, marcado pela afirmação e positividade.

Outra característica importante desse período é a sexualidade, pois o jovem pode exercê-la nessa fase da vida, pode ter relações sexuais, tem condições físicas para isso e tem certa independência, mas ainda não possui autonomia suficiente para esse exercício. Um longo processo de experiência pode levá-lo a desenvolver conhecimento sobre sua sexualidade e sobre seu próprio corpo; esse processo é acompanhado de fortes angústias, medos inomináveis e desejo incontrolável. Também pode ser seguido por explosões violentas, acessos de raiva e crueldade.

Além da sexualidade, um desafio por si só, o jovem enfrenta o "grande" mundo; está fora do âmbito protetor da família e deve se provar capaz de sobreviver sem a ajuda dos pais e cuidadores – um enorme desafio. Como está em processo de desenvolvimento de recursos, que nem de longe estão consolidados, ele se utiliza, muitas vezes, mais de movimentos de fuga do que de enfrentamento de problemas. O pensamento mágico e a incapacidade de compreender os perigos de certas situações andam junto com a onipotência juvenil. Nesse processo de crescente socialização, o grupo ganha grande importância, substituindo a família e impondo novos parâmetros, novos gostos e nova moda. Muitos jovens passam a dizer não para suas famílias, acima de tudo estão revoltados com o sistema, com as instituições e com o poder consolidado, mas dizem sim e se submetem aos seus grupos de amigos sem pestanejar, pois temem a exclusão e precisam, mais do que nunca, do reconhecimento de seus pares. Assim, observamos que a autonomia ainda não se constituiu integralmente, apenas a independência está se desenvolvendo.

Em sociedades diferentes das nossas, nas quais as culturas permaneceram mais estáveis, o jovem é submetido a rituais de iniciação; eles são preparados por desafios e, ao ultrapassarem obstáculos, ingressam no mundo das responsabilidades, das obrigações e dos direitos reservados aos adultos.

Todos nós começamos a beber e a fumar como uma forma de introdução ao mundo adulto. Às vezes, fazemos essa introdução muito precocemente, assim como ocorre com a iniciação da nossa vida sexual. Quando isso acontece, estamos nos expondo e expondo nosso organismo à agressão.

No início de sua vida uma criança só toma leite, depois começa a ingerir comida pastosa, mais tarde, sólida. O estômago, o intestino, a mastigação, tudo vai se aprimorando para que ela possa ter condições de comer o que desejar.

O álcool não dever ser usado por menores de idade – essa é a lei, que foi feita para nos proteger. Claro que alguns podem se desenvolver antes que os outros, mas também é possível que outros se desenvolvam depois que a maioria. Como não é possível que cada um faça um exame, como o de habilitação para dirigir, estabeleceu-se uma idade média, na qual se supõe que as pessoas já são mais capazes de tomar conta de si próprias e, portanto, podem decidir sobre consumir ou não o álcool (e como usá-lo) para ter prazer ou para alterar sua consciência.

Claro que muitos adultos também não sabem usar adequadamente o álcool, o que acarreta inúmeros prejuízos e sofrimentos para eles mesmos e suas famílias. No entanto, neste capítulo, optamos por abordar os jovens, para que não tenham sua vida comprometida no futuro.

Muitos jovens, por beber exageradamente e supor que terão tempo para parar, se tornam alcoolistas na vida adulta. Quando somos jovens, temos a sensação de que nada vai nos acontecer – – é a onipotência juvenil se manifestando. Nunca vamos ficar doentes, não vamos morrer e muito menos vamos perder o controle só porque bebemos quatro latinhas de cerveja no bar, na sexta-feira.

É comum o jovem esquecer que é humano e, portanto, perecível. Afinal, na maioria das vezes, se encontra no ápice da força física e da saúde. Ele não pensa nos perigos, nem na fragilidade da vida. Acredita que pode tudo. Seu "prazo de validade" ainda não acabou, mas, se não cuidar de si, pode acabar com ele.

Grande número de acidentes de carro acontece com jovens alcoolizados. Muitos jovens alcoolizados se esquecem de usar proteção nas suas relações sexuais e se contaminam com doenças sexualmente transmissíveis, como o vírus da Aids, ou correm o risco de engravidar.

> A Organização Mundial de Saúde diz que, de cada 100 jovens que experimentam álcool, de 12 a 15 desenvolverão o alcoolismo.

A vulnerabilidade do jovem está também na sua grande suscetibilidade a de ser influenciado e a muitas vezes imitar os outros procurando dar contorno para sua própria identidade.

8.2 Aposentados

Falamos de etapas da vida consideradas delicadas, que são marcadas por muitas mudanças. Elas são etapas de crise e, por isso, exigem readaptações individuais.

Se os jovens estão se formando, abandonando seus papéis e hábitos infantis para ingressar no mundo adulto, os aposentados estão fazendo uma despedida de seu trabalho e envelhecendo. Estão mais sozinhos e muitas vezes pensam que não têm função na vida. Para os mais idosos, o álcool é um bom companheiro. Ambos, jovens e aposentados, estão vivendo um momento de transição importante, do ponto de vista físico e psíquico. Se você já tem 70 anos, está aposentado, seus filhos já formaram suas famílias, e acha que não tem mais tantos prazeres, poderá ficar tentado a encontrar consolo no álcool.

Na chamada terceira idade, nosso corpo também precisa ser muito bem cuidado para suportar os desgastes que sofreu. Pode ser visto como uma máquina e, sem dúvida, quanto mais velho fica, menos possibilidades de suportar estresses ele tem. Pelos desgastes da vida, nessa idade, temos mais possibilidades de ficarmos doentes e consequentemente tomarmos mais remédios. Incluir o álcool nesse espaço e nesse momento tão delicados é o mesmo que estimular o aparecimento de doenças que podem não ter se manifestado (pressão alta, diabetes etc.) anteriormente.

Apesar dessas questões, observa-se que muitas pessoas da terceira idade iniciam um uso exagerado de álcool. Dentre elas estão inclusive muitas mulheres.

8.3 Mulheres

Muitos anos atrás, o uso do álcool, se feito por uma mulher, era associado à prostituição, à agressividade, à perda de valores morais ou necessariamente à classe baixa. Hoje, muitas mulheres, não importando a classe social, bebem o álcool ou abusam dele. Contudo, elas mesmas disfarçam seu uso para não classificá-lo como problemático. Isso nos faz pensar que até hoje o preconceito em relação ao uso/abuso de álcool pelas mulheres permanece fortalecido também por elas próprias.

Observa-se que as mulheres, embora bebam com menor frequência, o fazem em maior quantidade que os homens, ou seja, ainda que elas bebam em menos ocasiões, consomem mais de cada vez. Diferentemente também dos homens, elas progridem mais rapidamente para o alcoolismo e têm prejuízos precoces em sua saúde física e psicológica. Além disso, mostram-se mais vulneráveis aos fatores ambientais, que têm importância tanto no desenvolvimento quanto na proteção em relação ao uso de álcool.

Ao contrário dos homens, as mulheres, em geral, não encontram suporte em seus companheiros para manter um tratamento, sendo que, muitas vezes, eles até são francamente contra essa ideia. Exemplo:

> *N. tem 50 anos. Tem um filho com diagnóstico de esquizofrenia desde muito jovem e um marido bastante egoísta, que olha só para si mesmo e nunca para ela. N. bebe há muitos anos e já enfrentou um câncer de boca como consequência do seu uso abusivo de álcool. Ela é uma mulher bem cuidada fisicamente e faz algumas associa-*

ções *perversas com o marido*. *Uma delas é uma negociação velada na qual troca sua companhia nas viagens de negócios dele pela "vista grossa" para o uso de álcool.*

Em muitas fases de suas vidas, as mulheres se apresentam com sensibilidade exagerada, como no início dos ciclos menstruais, na TPM, na gravidez e na menopausa. Essas mudanças de humor se dão por comuns alterações hormonais, que fazem com que elas reajam física e psiquicamente de forma diferente do homem.

Além disso, as mulheres têm um metabolismo que lhes é próprio. Diferentemente dos homens, têm menor quantidade de água corpórea e maior quantidade de gordura, o que faz com que a relação com o tecido magro não seja a mesma quando comparada a um homem do mesmo tamanho que ela.

Esses fatores fazem com que elas reajam de forma diferente da dos homens frente ao consumo de álcool, favorecendo uma embriaguez mais rápida, mesmo quando consomem a mesma quantidade que eles.

Desse modo, a saúde delas está mais vulnerável. Com o abuso de álcool, a mulher pode apresentar irregularidade no ciclo menstrual, mudanças abruptas na sua glicemia e distúrbios na absorção da vitamina D (que provoca uma má absorção do cálcio e, consequentemente, um aumento do risco de osteoporose).

Outros fatores interessantes observados são: o abuso sexual e a obesidade. Mostram as estatísticas que mulheres que sofreram abuso sexual têm tendência maior a se tornarem alcoolistas assim como para desenvolverem outros transtornos psiquiátricos. As obesas que fazem a cirurgia bariátrica, especialmente as que apresentam compulsão alimentar antes da cirurgia, também muito comumente se tornam alcoolistas, sendo que o mesmo não se observa com os homens.

Já existem alguns estudos que fazem uma relação entre o câncer de mama e o uso de álcool. O abuso dessa substância em geral deprime a função sexual feminina, ou seja, diminui a excitação sexual, embora algumas mulheres relatem aumento do prazer quando bebem.

Estar alcoolizada pode fazer com que a mulher tenha seu discernimento e seu raciocínio alterados e, portanto, aceite com mais facilidade ter relações sexuais sem camisinha, ficando mais exposta às doenças sexualmente transmissíveis, inclusive à Aids.

Observa-se também que as mulheres iniciam o seu uso de álcool, muitas vezes, estimuladas e encorajadas pelos seus companheiros.

Na gravidez, muitas mudanças acontecem na vida da mulher. Seu corpo muda; e suas responsabilidades, também. Antes, ela tinha uma função definida de procriar e cuidar da sua cria. Hoje, além de ser essencial para ajudar na manutenção da economia da casa, a mulher muitas vezes é a protagonista, a chefe da família. Elas trabalham, pois se sentem mais completas assim e também porque seus maridos não dão conta, sozinhos, de manter todas as responsabilidades financeiras. Além dessa tarefa, é ela quem é responsável por gerar e cuidar de sua cria. É claro que não estamos esquecendo que muitos homens são sensíveis a essa sobrecarga da mulher e contribuem no cuidado com os filhos, porém, muitos não o são, e, por isso, ela tem que enfrentar a dupla jornada de trabalho.

Atualmente, estudamos uma síndrome importante que se chama "síndrome fetal alcoólica". As crianças que têm essa síndrome são filhas de mães que bebem na gravidez, e seus comprometimentos são muito sérios do ponto de vista físico (más-formações) e mental (retardamento mental e de inteligência). Essa, ademais, é a terceira causa mais frequente de retardo mental em recém-nascidos nos Estados Unidos.

Hoje sabemos que a síndrome fetal alcoólica não precisa ser completa, ou seja, há formas parciais dessa síndrome que incluem pequenos defeitos físicos, atrasos no desenvolvimento, problemas mentais e dificuldades de aprendizagem, como hiperatividade, e que podem apresentar-se em conjunto ou isoladamente. O dano da criança varia segundo a quantidade de álcool consumida, a frequência do consumo e o momento da gestação no qual a mulher bebeu. No entanto, só para se ter uma ideia, já se sabe que crianças de gestantes que consumiram ocasionalmente três ou quatro drinques no mesmo dia (mesmo que a mãe não bebesse frequentemente) têm mais chance de serem hiperativas e desatentas na 1ª infância.

Podemos imaginar o dano que qualquer droga psicoativa fará a um sistema nervoso que está ainda malformado. Com o álcool é a mesma coisa. Diferentemente do que pensamos, ele é, sem sombra de dúvida, a substância psicoativa que mais lesões causa ao feto (muita gente pensa, por exemplo, que é o crack). Por não se saber que quantidade de álcool seria inócua para os bebês, faz se a recomendação de não ingerir nenhuma bebida alcoólica durante a gravidez.

Sabemos que nem sempre uma gravidez é bem-vinda e que nem sempre também nos sentimos plenas, satisfeitas ou contentes. Entretanto, se quisermos ter um filho sadio, que nos dê menos trabalho, é importante cuidarmos de nossa saúde física e mental nesse momento. Isso porque uma mulher que faz uso regular ou abusa do álcool durante a gravidez tem cinco vezes mais possibilidades de ter um filho com problemas físicos e mentais do que uma mulher que não usa essa substância nesse período.

Outro problema é que o álcool, ser usado no período da amamentação, passa para o leite materno. Como o fígado do recém-nascido não está completamente amadurecido, o bebê tem mais dificuldade em livrar-se dele. Uma curiosidade interessante sobre essa questão é que nos livros de enxoval de bebês nos Estados Unidos é oferecida a compra de um aparelho ("medidor alcoólico para leite materno") que mede o teor alcoólico do leite materno, o que indica que as mães não se dispõem a deixar de usar o álcool, mas a controlá-lo.

Da mesma forma que atualmente sabemos que é somente crendice que leite com manga faz mal, beber cerveja preta não aumenta, nem estimula, a produção de leite materno. Além disso, pode ser maléfico para o bebê tanto na gestação, quanto na amamentação.

9. A família

A família é uma instituição organizada com a finalidade de preservação da espécie. Sua função é a de proteger – zelar pela segurança de seus membros. Ao longo dos anos, sob influência de questões sociais, econômicas e financeiras, a família foi se transformando. As famílias chinesas, por exemplo, recebem do Estado a "recomendação" de ter um único filho, considerando-se a superpopulação daquele país.

Outra mudança na estrutura das famílias é que, a partir das grandes guerras, com o aumento da necessidade do trabalho feminino, as mulheres tiveram muita importância na organização familiar. Os padrões culturais, como a monogamia ou bigamia e a diferenciação dos gêneros, também passaram por transformações: agora, casais do mesmo gênero também podem constituir famílias.

Na década de 1970, houve um movimento importante chamado "antipsiquiatria", no qual o então "louco" passou a ser considerado dentro do seu núcleo social e familiar. Naquela época, estudou-se muito sobre as famílias dos esquizofrênicos e pôde-se verificar a importância das relações familiares na constituição e cronificação dessa patologia. Esse movimento iniciou-se na Inglaterra, mas foi na Itália que um psiquiatra com bom acesso político conseguiu fechar os hospitais psiquiátricos, fazendo com que os pacientes voltassem para suas casas, e, assim, suas famílias e a comunidade tiveram que lidar com eles. Foi nesse momento que começaram os estudos sobre as constituições familiares e iniciou-se o trabalho terapêutico com as famílias, o qual prossegue até hoje.

Os abusadores de drogas foram, depois dos esquizofrênicos, o grupo que mais sustentou as internações psiquiátricas. As chamadas "comunidades terapêuticas" se multiplicaram pelo Brasil, propondo internações muito longas (um ano ou nove meses, por exemplo) e as justificativas são as mais primárias possíveis: "esse é o tempo que se leva para nascer" ou "essa pessoa é perigosa para a comunidade" etc. Outro problema sério é que quase sempre a orientação dessas "comunidades" é religiosa e muito pouco técnica, porque não existe nenhuma justificativa para se retirar uma pessoa da sua comunidade por tanto tempo. Ademais, é claro que podemos imaginar como será difícil para essa pessoa, que permaneceu um ano fora de seu grupo social, se reintegrar.

Hoje, a maneira recomendada para a desintoxicação é o hospital geral, e o serviço púbico (por meio do CAPS AD) só interna o paciente quando existe risco de vida. Então, as famílias têm que lidar com seus abusadores de drogas; elas também têm que ser tratadas para que compreendam o que nas suas relações favorece o uso de drogas ou que cultura existe nessa organização familiar que "ajuda" a instalação desse problema.

Uma família que tem uma "cultura aditiva" é aquela que resolve seus problemas com ações que impedem a reflexão. Exemplo:

> *V. tinha um irmão viciado em cocaína. Ela contava que, quando ele era tomado de fúrias, batia nela. Chegou a furar seu braço com uma faca e, quando ela chorava e tentava falar com a mãe sobre sua angústia ouvia "tome um copo d'água que passa".*

Outro exemplo:

> *Durante um programa de prevenção numa escola de São Paulo, observamos que os alunos tomavam analgésico quando enfrentavam qualquer dificuldade. Eles se dirigiam a uma funcionária que tinha uma boa quantidade de comprimidos com ela e sempre lhes indicava tomá-los.*

Mais um problema comum entre as famílias dos usuários problemáticos é a negação de suas dificuldades e a tentativa constante de explicar o problema com justificativas para que o abusador não perceba sua implicação no uso da droga. Atribui-se a responsabilidade a fatores externos, ele se torna uma vítima, e, então, é desculpado pelas suas atitudes. Muitos pais, por exemplo, que o filho foi levado pelas "más companhias" ou que tudo começou porque "perto da escola tem um bar que vende bebidas para as crianças".

O fato é que o problema do uso indevido de drogas é bem difícil de ser tratado e, em geral, demora muito tempo para que o indivíduo implicado se equilibre. As famílias frequentemente ficam cansadas e querem desistir. Também vemos as que se dizem dispostas a fazer mudanças, mas, diante de qualquer melhora do paciente, se desorganizam e, sem perceber, estimulam o uso da droga.

Chamamos esse movimento de codependência – essa é uma relação patológica entre o abusador e seu familiar. É uma equação assim: o filho é dependente do álcool, e a mãe, dependente daquele filho doente para que ela tenha uma função significativa na vida.

A seguir, apresentamos o exemplo de uma família que tinha uma patologia grave, apesar de sua formação intelectual e cultural, pois pouco percebia a perturbada situação em que se encontrava em relação ao abuso do álcool:

> *O sr. e a sra. S. são de origem portuguesa. Hoje eles têm aproximadamente 70 anos. Vieram de Portugal meninos e se conheceram já no Brasil, onde se casaram e tiveram quatro filhos. Na família de cada um deles, dizem que beber é um hábito: "todos bebíamos desde meninos porque eram os vinhos feitos nas nossas aldeias". Pela lembrança do sr. S., seu avô era um "beberão", mas seu pai só se tornou "impossibilitado pelo álcool depois que ficou muito velho e perdeu minha mãe". Hoje o sr. S. bebe diariamente, porque já está aposentado e tem uma bela adega dentro de sua casa. Foi um homem muito trabalhador e bem-sucedido: "sempre fui fiel a minha mulher e sempre me dediquei à minha família".*
>
> *A sra. S. lembra-se de alguns tios "que não deram certo porque bebiam muito, mas também não casaram e não tinham esposas que os controlassem". Ela, hoje em dia, bebe diariamente uma ou mais garrafas de vinho enquanto desempenha sua função de cozinhar, pois o sr. S. só aceita comer da comida feita por ela.*

Tiveram quatro filhos: um homem e três mulheres. O homem, o filho mais velho, sempre desejou ser um funcionário público como o pai, mas há 30 anos presta concursos e não passa em nenhum deles. É solteiro e vive na casa dos pais. As três mulheres fizeram cursos universitários, duas são casadas e têm filhos, e a terceira vive sozinha, mas se sustenta.

No trabalho de terapia familiar comigo só vinham frequentemente a mãe e as três filhas. O sr. S. eu vi uma única vez, e o filho eu nunca vi.

Uma das filhas era bulímica, outra era anoréxica, e a terceira (R.) tinha sido obesa e feito uma cirurgia bariátrica. Após o procedimento cirúrgico ela passou a comprar cde forma compulsiva e, posteriormente, a beber. No início, bebia socialmente, até que foi ingerindo a droga com maior frequência e intensidade e acabou tendo dois comas alcoólicos. Na segunda internação clínica, depois do coma, R. foi atendida por um psiquiatra que fez o diagnóstico de alcoolismo, e iniciou-se o tratamento. Ela é médica e tinha antecedentes de sobra para observar que era de uma família de risco, mas o fato é que via cada problema familiar como sendo unicamente daquela pessoa e não fazia nenhuma relação de um com outro. Mesmo sua sucessão de problemas era compreendida como como casos isolados e eram explicados por fatores externos a ela; poderia dizer que havia um tom de fatalidade, que a realidade externa era a responsável por seus problemas. Dizia, por exemplo: "engordei, porque me separei", "compro muito, porque estou carente" ou então, "acho que acabei bebendo, porque as pessoas do meu trabalho também bebem muito".

Hoje já sabemos verificar as vulnerabilidades das famílias e, como mostram os quadros a seguir, na própria família podem estar contidos fatores de risco e de proteção.

Quadro 9.1 – Fatores de risco familiares

- Pais que fazem uso abusivo de drogas.
- Pais que sofrem de doenças mentais.
- Pais excessivamente autoritários ou exigentes.
- Pais superprotetores ou sem limites.
- Famílias que mantêm uma "cultura aditiva".

Quadro 9.2 – Fatores de proteção familiares

- Pais que acompanham as atividades dos filhos.
- Estabelecimento de regras de conduta claras.
- Envolvimento afetivo com a vida dos filhos.
- Respeito aos ritos familiares.
- Estabelecimento claro da hierarquia familiar.

10. A despedida do álcool e as recaídas

Despedir-se de algo ou alguém que passa a fazer parte da nossa vida é bastante complicado. Há quem pense que só a informação é suficiente ou ainda que, se todos soubessem de todas as consequências nefastas do uso problemático do álcool, nunca avançariam o sinal do uso recreacional, passando a beber abusivamente.

Quem "avança o sinal" sempre garante que irá parar na hora que quiser. Primeiro, devemos considerar quão difícil é saber a hora exata que esse uso passa a ser prejudicial. Depois, faz parte da personalidade deste indivíduo que ultrapassa os limites a onipotência. Essa característica está além do próprio uso e abuso do álcool, aponta para a necessidade de sentir-se poderoso e para importância da crença de tudo controlar.

A onipotência é uma característica atribuída ao pensamento infantil. É provável que se assente nas experiências do bebê, que acredita ser o centro do universo, bastando um esperneio e/ou um choro para que surjam os objetos de seu interesse, sejam esses o leite, seja a mãe. O bebê não tem condição de perceber o estado de dependência e desamparo em que se encontra. No começo da vida, somos bastante impotentes e morreríamos se não tivéssemos com quem contar, tão necessitados de proteção e cuidados constantes. A criança bem pequena acredita ser uma majestade, um soberano capaz de fazer surgir o que deseja e controlar o mundo de acordo com sua vontade. Sente-se o todo poderoso, o super-herói, o detentor de poderes mágicos e não distingue fantasia de realidade. O desejo de tudo poder é inverossímil e se contrapõe aos fatos – temos apenas alguns poderes, fazemos o que é possível e de acordo com nossas capacidades.

A onipotência infantil se desfaz aos poucos, a partir das experiências de frustração do bebê. No entanto, em algumas pessoas, ela se fixa de tal forma que nem as experiências de fracasso e insucesso são capazes de questioná-la. Quando há essa fixação, dizemos que a onipotência infantil se tornou uma forma de estruturar a personalidade ou passou a funcionar como um sólido mecanismo de defesa psíquica frente às mais variadas formas de angústia e de percepção do perigo e da frustração, tão sólida quanto uma rocha.

Essa característica, a onipotência, acompanha esse indivíduo a vida toda e, eventualmente, ajudou-o como uma defesa contra suas dificuldades na vida. O álcool também veio para encorajá-lo, cimentar algumas fendas da personalidade, acalmá-lo para que dormisse desmaiado quando se sentia atormentado. Aos poucos, essa droga tornou-se um grande companheiro, e as justificativas para estar com ela eram muitas: "estou cansado", "todos bebem", "preciso ter forças para falar com esse cliente", "hoje está frio", "hoje está calor", "hoje briguei em casa", "hoje preciso comemorar meu sucesso", "estou sozinho" etc.; assim a vida foi passando, e pouco foi percebido sobre os comprometimentos e os prejuízos que o álcool causava. O alcoolista deixa de consumir álcool somente quando esse hábito se torna muito problemático ou adquire alguma doença física.

Contudo, o álcool é uma droga bastante difícil de ser retirada da vida das pessoas. Ademais, muitas vezes, é necessário acompanhamento médico, psicológico e familiar para que isso aconteça. Em alguns casos de dependência, os indivíduos podem ter alucinações. São, em geral, assustadoras (chamadas zoopsias, ou seja, alucinações com pequenos animais). Além desses problemas, muitos outros podem acontecer, inclusive o suicídio. Exemplo:

> *N. está fazendo uma desintoxicação em um hospital geral. Assustou-se, pois "viu" os paralelepípedos de uma rua da sua cidade virarem sapos e pularem em sua direção.*

Mesmo em graus considerados menos graves, como vimos anteriormente, outros problemas como os desastres de carro, os empregos perdidos e as brigas familiares são bastante desorganizadores para a vida dos indivíduos abusadores de álcool. No entanto, com atendimentos adequados que podem ir desde o uso de medicamentos e a realização de terapias individuais, até a participação de grupos de autoajuda e terapias familiares, muitos se recuperam ou se equilibram.

> O caminho da busca da cura ou do equilíbrio é, em geral, longo e com possíveis recaídas.

Fala-se também de uma memória celular na dependência do álcool. É por isso que nas recaídas os indivíduos alcançam rapidamente seu padrão anterior de bebida. Isso quer dizer o seguinte: quando iniciei minha abstinência, eu tomava duas garrafas de vodca por dia. Fiquei abstinente (sem beber nada), tive uma recaída (voltei a consumir) e, já na primeira semana de uso do álcool, voltei a consumir as duas garrafas.

Esse é um problema sério que muitas vezes desanima as famílias e os próprios dependentes. Contudo, mesmo existindo essa questão importante, é possível ultrapassá-la. É por isso que se pede, em geral, um ano de abstinência quando se faz um tratamento. Pela observação dos que tratam desse problema, essa é uma boa medida de tempo para que se desfaça a memória celular.

O que observamos nos tratamentos e nas recaídas é que a persistência na retomada do caminho para manter o tratamento é o ponto mais importante. Quando um indivíduo se trata psicologicamente, ele vai tomando a decisão de se despedir do álcool, e, à medida que consegue compreender seus próprios sentimentos de vazio, seus riscos e suas limitações, ele também se permite, paulatinamente, sair da posição de onipotência.

O álcool pode ser usado por muito tempo sem trazer problemas comprometedores. Além do mais, não existe um padrão preestabelecido que define quanto tempo e quanto de álcool podemos usar para ficarmos dependentes. Sempre é bom, portanto, observarmos nossa vida em relação ao nosso consumo de álcool.

11. Problemas decorrentes do uso do álcool

Alguns clínicos fizeram uma listagem de problemas que são sinais para que fiquemos atentos aos prejuízos do consumo de álcool ou que indicam um uso problemático, que precisa de intervenção e/ou tratamento. Os pesquisadores mostram que os problemas podem ser de diferentes categorias:

A) Os que podem ocorrer mesmo no início do uso.
B) Os que ocorrem após muitos anos de uso, ou seja, depois de instalada a dependência.
C) Os que raramente ocorrem.

A) Os que podem ocorrer logo no início do consumo, ou com o uso moderado de álcool:

- Enrubescimento da face: quando bebemos, temos uma vasodilatação na nossa circulação periférica, e nossos rostos ficam vermelhos.

- Dor de cabeça: também por conta da vasodilatação, podemos ter dor de cabeça.

- Prejuízo de julgamento: o uso do álcool altera a percepção que temos de nós mesmos e, consequentemente, o julgamento que fazemos de nossas possibilidades e impossibilidades, diante de um estado de embriaguez.

- Humor instável: alguns se descontraem com o uso do álcool, outros ficam irritados e, algumas vezes, agressivos.

- Diminuição da atenção: a atenção está diretamente ligada a um estado de alerta. Com o relaxamento provocado pelo álcool, nossa atenção fica diminuída.

- Diminuição dos reflexos: pequenas quantidades de bebida alcoólica já são capazes de interferir na qualidade dos reflexos motores – esse é o perigo da combinação álcool e carro.

- Perda da coordenação motora: pela lentificação dos reflexos e pelas dificuldades de atenção, também é difícil manter a qualidade da coordenação motora.

- Fala arrastada: o relaxamento produzido pelo uso do álcool faz com que nossa fala fique arrastada mesmo que possamos não perceber esse sintoma.

- Vômitos: o uso de álcool pode irritar nossas mucosas gástricas e provocar vômitos.

- Lapso de memória: o consumo de álcool em grande quantidade, mesmo no início do uso, pode provocar "esquecimentos" – a pessoa não se recorda do que fez enquanto estava intoxicada. São os chamados *blackouts*.

- Sonolência: a função depressora do álcool provoca um relaxamento, fazendo com que o indivíduo fique sonolento.

- Desinibição de impulsos agressivos ou sexuais: a desinibição ou o relaxamento provocado pelo uso do álcool faz com que possamos manifestar com mais facilidades nossos impulsos agressivos ou sexuais. É por isso que muitos bebem para ter relações sexuais.

- Funcionamento social ou profissional prejudicado: o prejuízo no julgamento e o humor instável, por exemplo, podem levar o indivíduo a ter comportamentos inadequados e, assim, passar por situações desagradáveis, como falar muito alto, chorar ou dançar em um restaurante calmo e silencioso. No ambiente profissional, a falta de atenção, a dificuldade na coordenação motora, a sonolência e mesmo a ressaca do dia seguinte podem prejudicar consideravelmente o desempenho de quem consumiu álcool.

- Hipertensão: é o aumento da pressão arterial.

- Coma alcoólico: o álcool tem uma característica protetora em relação à "overdose". Quando um indivíduo bebe exageradamente, ele vomita ou dorme, interrompendo, assim, seu uso e também diminuindo a quantidade de álcool que fica circulando pelo organismo. Mesmo assim, o consumo dessa droga em quantidade excessiva pode ocasionar desmaios, perda de consciência e até a morte se não houver atendimento adequado.

"Overdose" – é uma dose exagerada para determinado organismo em determinada hora. As quantidades de álcool podem ser diferentes para que cada um de nós tenha uma "overdose".
"Coma alcoólico" – é a "overdose" para o uso de álcool.

B) Os que ocorrem depois de muito tempo de uso ou depois de instalada a dependência:

- Perda da memória: o uso exagerado de álcool pode ocasionar uma perda da memória do usuário. Caracteriza-se por uma deficiência acentuada da memória recente.

- Perda de apetite: o álcool é calórico, mas sua caloria é vazia. Logo, quanto mais o indivíduo vai aumentado o consumo, menos fome ele tem e mais anêmico ele vai ficando. Outro fator importante que é consequência da ingestão de alimentos de forma inadequada é a deficiência vitamínica.

- Impotência sexual: em geral os homens relatam uma excitação sexual exagerada, mas uma impossibilidade de ereção. Considera-se que esse é um fator que aumenta o ciúme patológico.

- Irritações gástricas: muitas vezes, as pessoas se queixam de irritações no estômago por terem bebido em demasia ou até vomitado demais.

- Problemas hepáticos: esteatose (gordura na capa do fígado), hepatite alcoólica, cirrose.

- Pancreatite: inflamação do pâncreas.

- Diarreias: desarranjos intestinais.

- Câncer: de faringe, esôfago e fígado. Nas mulheres, aumento da probabilidade de câncer de mama.

- Prejuízos cognitivos: de memória, de forma de pensamento e de alteração da percepção. Se testes cognitivos forem feitos em alcoolistas, muitos desses indivíduos apresentarão alterações que permanecerão por no mínimo três semanas após a cessação do uso prolongado de álcool.

- Distúrbio do pensamento: há um estreitamento e uma rigidez no processamento de informações, ou seja, o indivíduo tem dificuldade em responder a mais de um estímulo de cada vez. Por isso, o aprendizado de novas informações é lento e difícil.

- Sintomas depressivos: o uso abusivo de álcool, por causar alterações bioquímicas, pode fazer aparecer sintomas depressivos. Por outro lado, o consumo de bebidas alcoólicas pode iniciar-se como uma forma de automedicar uma depressão preexistente.

- Alucinose alcoólica: é um quadro de alucinação visual ou auditiva que ocorre após o aumento exagerado do uso da bebida ou sua diminuição. Em geral, são ouvidos inicialmente sons primários como o de campainhas e, depois, vozes que costumam ser acusatórias ou falar obscenidades. Frequentemente, essa experiência é acompanhada de muita angústia.

- Má absorção intestinal: ainda associada a uma alimentação deficiente, esse problema contribui para uma deficiência vitamínica, sintoma que leva semanas para ser revertido.

- Risco de suicídio: entre essa população, ele é maior que em geral.

- Delírio de ciúmes patológico: embora apareça muito frequentemente em alcoolistas, o ciúme patológico não é característico só do alcoolismo. Geralmente aparece após a ingestão da bebida e pode estar associado à impotência sexual causada pelo consumo crônico.

- Síndrome de abstinência alcoólica: é considerada muitas vezes o principal indicador da dependência do álcool. Para que ocorra a síndrome de abstinência, é preciso que o indivíduo faça uso de grandes quantidades dessa substância. Ela pode variar conforme as condições do indivíduo, mas geralmente surge após a interrupção abrupta ou diminuição significativa do consumo de bebidas alcoólicas.

C) Os que raramente ocorrem:

- Distúrbio amnésico alcoólico e encefalopatia alcoólica – Korsakoff: essa é uma consequência tardia do consumo de álcool em grandes quantidades por muitos anos. É caracterizado por alterações significativas da memória recente, acompanhado de confabulações. A reversão total do quadro é rara.

- *Delirium tremens*: apesar de esse quadro ser associado ao alcoolismo, ele é relativamente incomum (5% dos alcoolistas o apresentam). Para que esse problema ocorra, é necessário um período de 5 a 15 anos de uso abusivo de álcool somado ao fato de o indivíduo não ter boa saúde física. Para que esse problema ocorra, é caracterizado pelo rebaixamento do nível de consciência e quatro características adicionais: hiperatividade autonômica (sudorese, taquicardia e hipertensão); grave perturbação do nível da consciência; distorções perceptuais vívidas (ilusões, alucinações visuais, auditivas e táteis); e níveis flutuantes da atividade psicomotora (intercalando hiperexitabilidade e letargia).

12. Os tratamentos

Muitas são as alternativas de tratamento para o uso problemático de álcool. Aqui discutiremos rapidamente algumas delas:

1. Internação.
2. Tratamentos medicamentosos.
3. Grupos de autoajuda.
4. Terapias cognitivas comportamentais ou Intervenção Breve.
5. Terapias grupais.
6. Terapias familiares.
7. Psicanálise ou psicoterapia dinâmica.

12.1 Internação

A internação já foi um recurso bastante usado no tratamento do dependente químico. Ela se alia ao preconceito que se tem com o alcoolista, supondo que ele sempre será nocivo à sociedade e precisa, por isso, ser afastado do convívio social. Existem ainda clínicas que usam esse recurso com justificativas como: "ele precisa ficar aqui nove meses para nascer novamente" ou "ele tem que reaprender a conviver com as pessoas".

Já sabemos que a internação em clínicas pouco resolve essa patologia, e o custo é muito alto para o estado ou para a família. Assim, opta-se por internações em hospitais gerais somente quando a questão é a necessidade de uma desintoxicação, ou em hospitais psiquiátricos e até internações domiciliares com acompanhantes terapêuticos quando existe risco de suicídio. No próprio serviço público, a recomendação da internação é muito cuidadosa; existem os CAPS AD (Centro de Atenção Psicossocial Álcool e Drogas), que são equipamentos públicos voltados para o atendimento dessa patologia.

12.2 Tratamentos medicamentosos

Quando há associação de pelo menos duas patologias no mesmo paciente, falamos em comorbidade. Há muitas comorbidades no alcoolismo. É frequente psicóticos se tornarem alcoolistas e indivíduos com alterações de humor beberem exageradamente. Na maioria das vezes, quando essas pessoas procuram tratamento psiquiátrico, elas são vistas e atendidas apenas em sua patologia psiquiátrica, e não globalmente (na patologia psiquiátrica + o alcoolismo).

De qualquer forma, a ajuda psiquiátrica muitas vezes é necessária para acompanhar o paciente e dar suporte para as abordagens psicoterapêuticas. O que não pode acontecer é tratarmos apenas parte da patologia, pois o dependente químico deve ser visto de forma ampla. Desse modo, tratar a questão psiquiátrica apenas não é o suficiente para enfrentar a dependência, seja do álcool, seja das drogas. Esse indivíduo é muito mais que sua patologia psiquiátrica; inúmeros fatores o levaram à dependência, portanto, eles devem ser levados em consideração em todo e qualquer tratamento, como estamos comprovando ao longo deste livro.

12.3 Grupos de autoajuda

Talvez esse seja o mais antigo e universal tratamento para o alcoolismo: os Alcoólicos Anônimos. Esse tipo de grupo existe no mundo todo e segue o mesmo princípio: é sempre coordenado por um ex-dependente ou um "alcoólatra sem o uso de álcool", como eles se intitulam. Uma regra fundamental é que, para ir à reunião, deve-se estar sem usar o álcool, nem que seja por um dia, e seguir os doze "passos" do tratamento. O pedido é incessantemente de abstinência total para sempre, ou seja, nunca mais essa pessoa poderá ingerir bebidas alcoólicas, pois a teoria deles é que, uma vez que você tenha se tornado alcoolista, será sempre alcoolista, mesmo que, esteja sem beber há 20 anos. Não existe no grupo especialistas na área de álcool, a não ser que eles sejam dependentes. Esse trabalho não requer qualquer pagamento. Além disso, reuniões são semanais, e o princípio do anonimato é importante.

Muitas pessoas se beneficiam desse tipo de ajuda mesmo seguindo outros tratamentos. Minha avaliação desse dispositivo de tratamento é que estar num grupo e ser ouvido por outros que vivem situações semelhantes, compartilhar agruras, sofrimentos e conquistas, é bastante confortador.

Nossa crítica a essa proposta é que os frequentadores desse tipo de grupo se tornam dependentes do apoio, precisam sempre dos encontros e dos colegas e pouco compreendem sobre seus movimentos psíquicos (a não ser que o grupo seja só uma das formas de trabalho). Outra ressalva que faço é que o foco do trabalho é sempre o uso ou não uso do álcool e, dessa forma, as questões globais da personalidade de cada alcoolista não estão em jogo, e eles não são vistos integralmente.

Algumas clínicas de tratamento também seguem esse princípio e recomendam que seus pacientes permaneçam afastados do álcool.

12.4 Terapias cognitivas comportamentais ou Intervenção Breve

Seu pressuposto é que as cognições ou os pensamentos estão entre os fatores precipitadores do comportamento de ingerir álcool e que um sentimento é mediado anteriormente por um pensamento. Outro dado importante com o qual esse tipo de terapia trabalha é o sistema de crenças que o indivíduo que usa a substância tem sobre ele mesmo e sobre sua vida.

A Intervenção Breve é uma estratégia de atendimento com tempo limitado. É uma intervenção estruturada, focal e objetiva, com procedimentos técnicos com o objetivo de mudar o comportamento do paciente.

As terapias cognitivas podem ser aplicadas por qualquer profissional, sem que ele tenha de fazer grandes especializações prévia. Por isso, são bastante usadas na rede pública brasileira.

12.5 Terapias grupais

As terapias grupais, assim como qualquer técnica psicoterápica, têm como fundamento de sua técnica uma teoria que é seu apoio. O grande problema é que pretendemos atender as pessoas em grupos para alcançarmos mais indivíduos de uma só vez, e não respeitamos ou não temos pressupostos teóricos para essa ação.

Em 1986, o Departamento de Psicobiologia da Unifesp testou a eficácia da Intervenção Breve, e seu grupo controle (o que permite fazer uma comparação de eficácia do tratamento) foi a psicoterapia analítica de grupo. Os resultados (publicados) mostraram que a terapia analítica grupal foi tão eficiente quanto a Intervenção Breve. O problema é que a primeira exige um terapeuta com formação bastante complexa e profunda.

É importante ressaltar também que podemos usar do conhecimento psicanalítico para fazer grupos de tratamento nas instituições públicas ou até para trabalhar o que chamamos de "grupos específicos": de acolhimento, de recepção, de alta etc.

12.6 Terapias familiares

As terapias familiares desenvolveram-se nos anos de 1970 com o questionamento da ação dos hospitais psiquiátricos que "acusavam" os doentes de serem os agentes das desestruturas familiares. Especialmente na Itália, com um movimento político de fechamento dos hospitais psiquiátricos, os "loucos" voltaram para suas famílias, que também precisaram de atendimento psicoterapêutico a fim de desenvolver recursos para lidar com a nova situação.

Muitas são as teorias e as técnicas de atendimento dos familiares dependentes químicos. O fato é que as abordagens familiares ajudam no atendimento a essa patologia, porque permitem discutir as codependências e as relações familiares que são mantenedoras da patologia, além de poderem orientar os familiares no sentido da manutenção do trabalho terapêutico com o dependente.

As terapias familiares também servem como uma primeira abordagem, quando o dependente não aceita se tratar. Elas também ajudam as famílias a compreender e a acompanhar essa situação, que é em geral muito difícil e desestruturante.

Então, se você está aflito com um familiar em função do uso abusivo de álcool e/ou drogas que ele faz, procurar uma terapia familiar costuma ser o primeiro passo em direção ao tratamento.

12.7 Psicanálise ou psicoterapia dinâmica

No atendimento psicanalítico, trabalha-se com o indivíduo como um todo, e o uso da droga é uma das questões a ser discutida. Contudo, no início do trabalho com os dependentes do álcool, é preciso que os psicanalistas saibam que terão que discutir, concretamente, muito sobre doses, qualidade de bebida alcóolica e, "overdoses", sem se espantarem com esse tipo de paciente nem com o tipo de conversa que possa vir a ocorrer.

Quando o analista tem tolerância à frustração, consegue construir com o paciente uma boa relação e também suportar muitos ataques dele ao trabalho, construindo-se, assim, uma análise. Sempre digo que, para fazer análise de um alcoolista, levamos muito tempo trabalhando até conseguir qualquer visão mais ampla.

A crítica que se faz à psicanálise é o fato de ela ser um trabalho demorado e exigir uma formação muito cuidadosa do analista. No entanto, é a análise, com sua investigação minuciosa do mundo mental, dos afetos, dos medos e das angústias do paciente que, realmente, dará a quem está se tratando a liberdade de escolher como vai ou como pode viver.

Além da psicanálise, existem as intervenções psicodinâmicas que também são preciosas e bastante difundidas nas instituições públicas, mesmo que não de forma oficial. As intervenções psicodinâmicas usam do conhecimento da psicanálise para tratar do problema, mas não seguem todos os preceitos psicanalíticos. Também são aplicadas por técnicos que estudam psicanálise, mas não têm formação psicanalítica.

12.8 Qual tratamento indicar?

Quase nunca um dependente vem ao nosso consultório com calma. Sempre existe uma urgência, uma necessidade dele e da família que deveria ser atendida "ontem".

Às vezes nos perguntamos: por que não vieram antes? Por que esperaram que a patologia se instalasse? Por que foi preciso acontecer um fato concreto e doloroso (batida de carro, coma alcoólico, perda de emprego etc.) para que houvesse a procura?

A resposta é que todos resistimos à ideia de que, junto com o uso inadequado do álcool, existem problemas emocionais muito sérios, que precisam de cuidados.

Em geral, indica-se o tratamento que é possível, podendo ser:

- A constituição de uma miniequipe (analista/psiquiatra/terapeuta familiar/acompanhantes terapêuticos). O paciente e sua família são informados de que a equipe manterá contato entre si e que os conteúdos discutidos na análise pessoal serão objeto de sigilo profissional.

- O início do trabalho com uma terapia familiar para posteriormente encaminhar a pessoa para o psiquiatra e para análise.

- O início do trabalho em análise com o indivíduo usuário para, posteriormente, encaminhar algum familiar para análise individual também.

Então, o tratamento indicado é o que é possível, o que o paciente e sua família aceitam. Com todas essas abordagens, já tivemos sucessos e fracassos.

13. Recomendações

Veja a seguir algumas dicas simples para você se prevenir e poder consumir bebida alcoólica com adequação e cuidado, respeitando sua condição de saúde e suas características físicas e psicológicas.

1. Você observa que é uma pessoa compulsiva. Não raro, diz frases como "Quando vou comer, como muito, quando vou comprar, compro muito, mesmo quando vou estudar, fico até de madrugada, estudo além da conta." Cuidado para não exagerar no uso da bebida alcóolica do mesmo jeito que o faz com certos hábitos.

2. Você observa que sempre faz o que o outro faz. Muitas vezes, percebe-se dizendo: "Se minha amiga compra um tênis, fico louca para comprar um também. Se meu amigo vai viajar, atormento meus pais até que eles me deixem ir também." Caso mantenha esse comportamento, pode entrar na conversa de que não tem importância beber e ultrapassar seus limites.

3. Na sua casa, já existem casos de uso abusivo ou de dependência de álcool ou de outra droga. Isso não quer dizer que você será um alcoolista ou dependente químico, mas que você é uma pessoa vulnerável a esses problemas.

4. Você sempre bebeu e agora vem aumentando sua frequência de consumo de bebidas alcoólicas. Isso é problemático; controle o uso que você faz dessas substâncias.

5. Você tentou ficar sem beber por um mês mas nem isso conseguiu, por qualquer que tenha sido o motivo para que você voltasse a beber. Procure ajuda especializada, talvez seja necessário que você cuide disso mais atentamente.

6. Se você sair para beber, não se esqueça de comer antes.

7. Se permanecer muito tempo bebendo, coma durante esse ínterim também.

8. Beba bastante água sempre que ingerir bebidas alcoólicas.

9. Se você perceber que não está conseguindo dormir bem e que, para cair no sono, precisa beber, que só assim relaxa, cuidado, procure ajuda médica.

10. Se você acha que seu dia é muito agitado e tenso e observa que sempre, ao chegar em casa, precisa tomar uma dose para se sentir melhor, cuidado, procure ajuda médica.

11. Não se envergonhe de informar a seu médico sobre seu uso/abuso de álcool.

12. Se observar sinais de abuso de álcool em você, procure um especialista.

13. Considere sua sensibilidade; saiba quais os limites do seu corpo.

14. Se você já tem algum transtorno psiquiátrico (depressão, ansiedade etc.), tome mais cuidado com o uso do álcool.

15. Se você sofrer alguma decepção grave (separação de cônjuge, perda de entes queridos etc.), tome cuidado com o uso do álcool.

16. Se você iniciou o uso do álcool por se sentir muito sozinho, tome cuidado. Procure atividades grupais para se ocupar.

17. Não tente se automedicar com o álcool, procure um especialista.

Para mulheres:

1. Se você já sofreu abuso sexual, cuidado com o álcool, ele ficará perigoso para você.

2. Se seu parceiro faz uso do álcool e insiste para você acompanhá-lo, cuidado. Mulheres e homens têm organismos e psiquismos diferentes.

3. Não beba durante a gravidez: sem dúvida você terá um filho mais saudável.

4. Não beba enquanto estiver amamentando, você estará fazendo mal ao seu filho.

Para famílias:

(A função da família é a de acompanhar o desenvolvimento do filho, oferecendo-lhe tudo que puder para que ele se desenvolva.)

1. Independente da idade do seu filho, se você verifica que ele se embebeda com frequência, fale com ele sobre isso. Veja se ele precisa de ajuda.

2. Em momentos muito críticos da vida do seu filho, momentos em que ele sofre muito (briga com namorada, perda de emprego, repetência na escola), se você observar que ele procura no álcool um consolo, fale com ele sobre isso. Veja se ele precisa de ajuda.

3. Não use o sistema "faça o que eu digo, mas não faça o que eu faço". É preciso que sua atitude seja coerente com o que você deseja e espera de seu filho.

4. Atitudes muito simples: cumprir horários, não mentir diante de quebra de compromissos, aceitar as leis sociais, como usar cinto de segurança, por exemplo, são formas de apresentar a importância das leis para seu filho.

5. Ensinar seus filhos a obediência às leis sociais é uma forma de fazer prevenção quanto ao uso indevido de drogas por eles.

6. Caso seu filho não entenda sua mensagem educacional e se envolva com drogas (pressupondo que esse não seja o seu desejo), procure ajuda especializada.

7. Caso seu filho tenha se alcoolizado com muita frequência, é melhor que você o acompanhe a uma consulta para ser orientado em relação a esse problema.

8. Se seu filho é uma pessoa compulsiva (compra muito ou come muito, por exemplo), observe sua vida e preste bastante atenção quando ele começar a usar álcool.

9. Se seu filho não consegue acordar de manhã para cumprir as tarefas diárias ou, não consegue seguir as normas propostas pela sua família, observe a vida dele e preste bastante atenção quando ele começar a usar álcool.

Sobre recaídas:

1. Não desanime se você recair e estiver interessado em ficar abstinente.

2. Persista no seu tratamento, até que você possa alcançar seu objetivo.

3. A recaída não é sinal de que o tratamento não deu certo. Ao contrário, pode até ser uma ocasião para que o indivíduo reflita sobre as condições psicológicas e/ou ambientais que o tornam mais vulnerável ao uso.

14. Conclusão

Quando ingerido de maneira consciente, o álcool não faz mal à saúde. Ele pode ser usado como um elemento importante nos rituais das nossas vidas. Bebemos para comemorar. Bebemos em família. Contudo também é uma droga psicotrópica e, ao contrário de todas as outras, tem seu uso estimulado e, muitas vezes, até sugerido como um elemento importante na vida.

Neste livro, chamamos a atenção para o fato de que não é a droga que se dirige ao indivíduo, mas o indivíduo quem procura a droga para lidar com suas questões pessoais ou sociais.

Destacamos também a grande diferença que existe entre cada um de nós. Verificamos isso pensando em qualquer questão mais simples que o uso de uma droga. Alguns de nós, por exemplo, suportam bem uma noite de insônia, mas outros, diante da angústia de ficar sem dormir, se desorganizam e não conseguem produzir nada no dia seguinte. Além das nossas diferenças individuais para suportar as adversidades, alguns de nós têm mais condições internas que outros para o enfrentamento dos problemas.

Para compreender essa questão da diferença, é importante o conceito de "resiliência". Ele tem nos ajudado a compreender por que algumas crianças, apesar de serem abandonadas e sofrerem muitas adversidades, conseguem desenvolver-se de forma mais positiva que outras que viveram em ambientes equivalentes. É aquilo que popularmente dizemos: "ele teve condições de superar melhor que o irmão". Exemplo:

> *M. era filho do segurança de um político importante. Seu pai era um homem violento e um dia matou a mãe de tanto bater nela. O garoto tinha 5 anos. O pai, que já usava álcool abusivamente, "virou um bêbado" e um dia esqueceu M. em um bar. Ele foi encaminhado para a Febem (instituição que recolhia menores infratores) e lá ficou por alguns anos. M. era um menino fraquinho, mas muito inteligente, e logo percebeu que, se não tivesse algum garoto que o protegesse, sofreria muitos abusos e seria e maltratado. Escolheu "um fortão" e se ligou sexualmente a ele para sobreviver. Nessa época, na Febem, usava-se uma bebida que era produzida por eles próprios. M. sempre desejou estudar. Um dia, vendendo espanadores na rua, encontrou-se com um padre, no seminário, iniciou seus estudos. Dizendo que tinha o desejo de ser sacerdote, permaneceu lá até os 18 anos, quando entrou na faculdade de jornalismo. Nessa época, bebia o vinho dos padres, "mas era mais por farra". Arrumou um trabalho para se sustentar e fazer a faculdade, foi trabalhar como jornalista, casou e, quando sua mulher engravidou, passou a beber exageradamente (nesse período conheci M.). Inicialmente, consumia ácool com a*

justificativa de que agora podia comprar seu vinho, sua cerveja, sua vodca; posteriormente, quando procurou ajuda diante da proximidade do nascimento do filho, ingeria três engradados de cerveja nos finais de semana, os quais eram iniciados na quinta-feira e se estendiam até a segunda. Por muitos anos, M. contou com sua resiliência, mas sucumbiu diante da gravidez de sua esposa, que para ele significava a reprodução da função paterna, que tanto sofrimento lhe causou.

Outro conceito importante que gostaríamos de apresentar é o conceito de *farmakon*: o remédio para um sofrimento insuportável, o produto que assume uma função na vida psíquica do toxicômano. O *farmakon* representaria o cancelamento tóxico da dor em função da enorme dificuldade desse indivíduo em lidar com afetos e sentimentos.

Finalizando, gostaríamos de dizer que o alcoolismo se caracteriza pela perda da liberdade de escolher entre beber e não beber e de optar por quando e onde fazê-lo.

Tabela 14.1 – Níveis de intoxicação alcoólica

BAC (g/100 ml de sangue)	Estágio	Média de doses*	Sintomas clínicos
0.01 – 0.05	Subclínico	< 1 dose	Comportamento normal.

0.03 – 0.12	Euforia	1 – 2 doses	Euforia leve, sociabilidade, o indivíduo torna-se mais falante.
			Aumento da autoconfiança, desinibição, diminuição da atenção, da capacidade de julgamento e controle.
			Início do prejuízo sensório-motor.
			Diminuição da habilidade de desenvolver testes.
0.09 – 0.25	Excitação	3 – 4 doses	Instabilidade e prejuízo do julgamento e da crítica.
			Prejuízo da percepção, memória e compreensão.
			Diminuição da resposta sensitiva e retardo da resposta reativa.
			Diminuição da acuidade visual e visão periférica.
			Incoordenação sensitivo--motora, prejuízo do equilíbrio.
			Sonolência.

0.18 – 0.30	Confusão	5 – 9 doses	Desorientação, confusão mental e adormecimento.
			Estados emocionais exagerados.
			Prejuízo da visão e da percepção.
			Aumento da sensação de dor.
			Incoordenação motora.
			Piora da incoordenação motora, fala arrastada.
0.25 – 0.40	Estupor	10 – 20 doses	Apatia e letargia.
			Inércia generalizada.
			Prejuízo das funções motoras.
			Diminuição importante da resposta aos estímulos.
			Importante incoordenação motora.
			Incapacidade de deambular ou coordenar os movimentos.
			Vômitos e incontinência.
			Sonolência, estupor ou prejuízo da consciência.

0.35 – 0.50	Coma	20 – 30 doses	Inconsciência.
			Reflexos diminuídos ou abolidos.
			Temperatura corporal abaixo do normal.
			Incontinência.
			Prejuízo da respiração e da circulação sanguínea.
			Possibilidade de morte.
0.45 +	Morte	+ de 30 doses	Morte por bloqueio respiratório central.

Fonte: DUBOWSKI, 1985; RONZANI; 2013, p. 31.

*Lembrar que as doses são metabolizadas de maneira diferente de acordo com alguns fatores (tempo de ingestão, gênero, presença de comida no estômago, quantidade de tecido adiposo no corpo) e, por isso, uma mesma dose pode gerar diferentes concentrações alcoólicas.

As bebidas alcoólicas podem conter diferentes concentrações de álcool puro. Por isso, dizemos que uma bebida é "mais forte" do que outra. Existe uma comparação entre elas em relação à quantidade de álcool existente em cada uma. Há uma quantidade específica de álcool puro, denominada "dose padrão", que equivale a cerca de 14g., ou seja, 17.5 ml de álcool puro.

A equivalência de quantidades de álcool ingeridas em diferentes bebidas, medidas em termos de dose padrão, é a seguinte:

Tabela 14.2 – Dose padrão e equivalência de quantidade de álcool

Bebida destilada	Cerveja	Taça de vinho
1 dose de 40 ml de destilados (cachaça, conhaque, uísque, vodca)	1 lata de cerveja (340 ml) ou 1 copo de chope	1 copo de 140 ml de vinho

Fonte: UFRB, 2014.

Nota: Isso quer dizer que uma pessoa, quando bebe uma dose de cachaça, por exemplo, está ingerindo a mesma quantidade de álcool presente em uma lata de cerveja. Quando alguém bebe uma garrafa grande de cerveja (600 ml), está absorvendo a mesma quantidade de álcool que existe em duas doses de conhaque ou em dois copos de vinho, ou seja, duas "doses padrão".

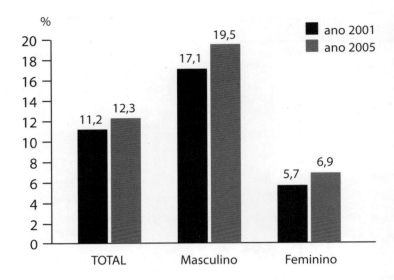

Figura 14.1 – Porcentagens de entrevistados de ambos os sexos preenchendo os critérios de dependência de álcool. Adaptada de UFRB, 2014.

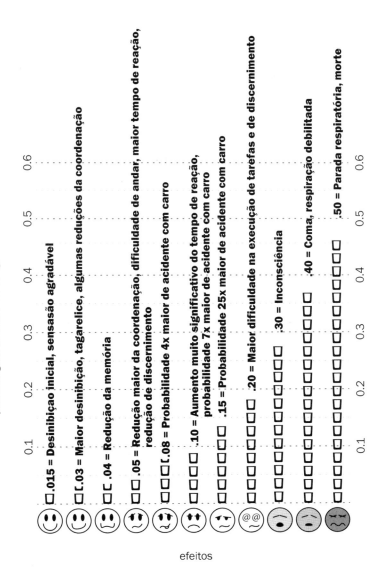

Figura 14.2 – Efeitos agudos e crônicos do álcool × porcentagem de álcool no sangue. Adaptada de LONGENECKER, 1998, p. 40.

Apêndice I - Filmes que recomendamos

La Luna
Direção: Bernardo Bertolucci (Itália, 1979)
O filme trata da relação incestuosa de uma mãe com seu filho. Pode-se observar nessa película a indiferenciação hierárquica quando, numa cena, vemos a mãe insinuar-se para os amigos do filho.

Contra a parede
Direção: Fatih Akin (Turquia/Alemanha, 2004)
O filme apresenta um turco que se interna em uma clínica de suicidas depois de, alcoolizado, bater o carro. Lá encontra uma muçulmana que quer se ver livre do controle dos pais. Eles se casam e conseguem uma boa recuperação por meio de sua relação afetiva.

Parente... É serpente
Direção: Mario Monicelli (Itália, 1992)
Uma família se reencontra em um Natal para discutir o que fazer com os pais velhos. As patologias de todos aparecem neste encontro:

são feitas muitas revelações, mas muitos segredos são mantidos. É interessante observar como a dinâmica familiar é retratada nesse filme.

Traffic
Direção: Steven Soderbergh (EUA/Alemanha, 2000)
Atores: Michael Douglas e Benicio Del Toro
O filme apresenta uma série de histórias interligadas de um alto escalão de tráfico envolvendo um policial mexicano preso, uma dupla de agentes do DEA, um barão da droga e um juiz da suprema corte de justiça de Ohio, que é conhecido pela sua posição antidrogas e que precisa lidar com sua filha viciada.

O juiz
(The judge)
Direção: David Dobkin (EUA, 2014)
O filme discute a relação de um filho (advogado bem-sucedido) com seu pai (um juiz) e todos os entraves que vieram de um relacionamento sempre difícil entre os dois.

Sonata de outono
Direção: Ingmar Bergman (França/Alemanha Ocidental/ Suécia, 1978)
Uma pianista famosa, de passagem para um concerto, visita sua filha e mantém com ela uma conversa sobre o amor, o ódio, a dor, o medo e a culpa que permearam suas vidas. A filha cuida da irmã, que tem problemas mentais e foi internada pela mãe em uma instituição para que seu progresso profissional não fosse atrapalhado.

A família Bélier
Direção: Eric Lartigau (França, 2014)
Toda a família é surda-muda. Só uma filha não o é, e atua intérprete da família para todas as questões. Essa filha se descobre com

habilidades musicais e, para desenvolvê-las, terá que abandonar esse seu papel familiar. Interessante pensar na função do filho que se diferencia da família e no preço disso.

O show deve continuar
(All that jazz)
Direção: Bob Fosse (EUA, 1979)
É a história de um coreógrafo bem-sucedido que, para se manter no seu ritmo de produção, usa anfetaminas. Sua atenção é dividida entre quatro mulheres: sua namorada, sua ex-esposa, sua filha e a *"morte"*.

Meu nome não é Johnny
Direção: Mauro Lima (Brasil, 2008)
É a história verdadeira de João Guilherme Estrella, um jovem de classe média alta da cidade do Rio de Janeiro, que viveu a vida intensamente, passando por todas as loucuras permitidas e não permitidas, e que, na década de 1980, entrou para o tráfico, foi investigado pela polícia e preso. É importante observar nesse filme que esse pode ser o caminho de muitos dos nossos jovens.

Bicho de sete cabeças
Direção: Laís Bodanzky (Brasil, 2001)
Baseado no livro autobiográfico de Austregésilo Carrano Bueno, *Canto dos Malditos*.
O filme conta a história de Neto, um jovem que é internado em um hospital psiquiátrico após seu pai descobrir um cigarro de maconha em seu casaco. O adolescente Neto é submetido a situações abusivas. O filme, além de abordar a questão dos abusos feitos pelos hospitais psiquiátricos, também tematiza a questão das drogas e a relação entre pai e filho. Vale observar o desrespeito com que, na maioria das vezes, o dependente químico é tratado.

Apêndice II - Livros que recomendamos

Doces venenos – Conversas e desconversas sobre drogas
Lidia Rosenberg Aratangy – Editora Olho D'água, 1991
A apresentação deste livro é muito interessante. A cena constitui-se de uma "mãe" escrevendo sobre drogas e uma "filha" que olha sobre seus ombros e critica ou complementa o que ela escreve.

Os drogados não são felizes
Claude Olievenstein – Editora Nova Fronteira, 1977
Olievenstein foi um importante teórico e clínico na área das toxicomanias. Fundou a Clínica Marmottan em Paris e atendeu a muitos heroinômanos. Esse foi seu primeiro livro traduzido aqui no Brasil e pode ser lido por quem quer ter alguma noção do problema.

A verdadeira história dos três porquinhos
Jon Scieszka – Companhia das Letrinhas, 1993
Tradução de Pedro Maia Soares – Ilustração de Lane Smith
O livro conta a tradicional história dos três porquinhos a partir

da visão do lobo. Temos, assim, uma nova história em que o lobo aparece injustiçado pela visão da polícia e dos jornalistas. O interessante dessa leitura é a possibilidade de discutir a relatividade dos fatos.

Ética para meu filho
Fernando Savater – Editora Planeta, 2012
Fernando Savater é um professor de Ética de uma universidade espanhola e, de forma simples e clara, escreveu esse livro dirigindo-se ao seu filho. O escritor consegue falar desse assunto tão sério e tão delicado. Existem outros livros publicados por ele que também são interessantes, como, por exemplo, *Política para meu filho* e *A arte de educar*.

Liberdade é poder decidir – sobre drogas
Maria Elisa de Lamboy e Maria de Lurdes de Souza Zemel – Editora FTD, 2000
O livro é dirigido a estudantes a partir de 10 anos. Tem uma linguagem clara e uma ilustração muito bonita. Serve também para educadores e pais que queiram conhecer mais sobre o assunto.

Apêndice III - Instituições de informação e atendimento

Ligue 132
Inaugurado em 2005, Ligue 132 é um serviço nacional do governo federal realizado pela Secretaria Nacional de Políticas sobre Drogas (Senad), em parceria com a Universidade Federal de Ciências da Saúde de Porto Alegre (UFCSPA) e a Associação Mario Tannhauser de Ensino, Pesquisa e Assistência (Amtepa). Funciona 24 horas por dia, de forma sigilosa e gratuita, com profissionais da área da saúde.

Centro Brasileiro de Informações sobre Drogas – Cebrid
Organiza pesquisas e reuniões científicas sobre o assunto drogas, publica livros e levantamentos sobre o seu consumo entre estudantes, meninos de rua etc. Mantém, além disso, um banco de trabalhos científicos brasileiros sobre o abuso de drogas e publica boletins trimestralmente. Atenção: a seleção do trabalho é de sua responsabilidade.
Universidade Federal de São Paulo – Depto. de Medicina Preventiva
Rua Botucatu, 740 – 4º andar – CEP 04023-900 – São Paulo – SP
Contato: cebrid.unifesp@gmail.com – Tel: (11) 5576-4997

Observatório Brasileiro de Informações sobre Drogas (Obid)
O Observatório Brasileiro de Informações sobre Drogas é um órgão da Administração Pública Federal, vinculado à Secretaria Nacional de Políticas sobre Drogas – Senad, que tem como missão reunir, gerenciar, analisar e divulgar conhecimento/informações sobre drogas, incluindo dados de estudos e pesquisas nacionais e internacionais que contribuam para o desenvolvimento de novos conhecimentos aplicados às atividades de prevenção do uso indevido, de atenção e de reinserção social de usuários e dependentes de drogas. Site: www.obid.senad.gov.br.

Secretaria Nacional de Políticas sobre Drogas (Senad)
A Senad é o mais alto órgão governamental que agrega e gerencia muitos trabalhos realizados no Brasil. Entre esses trabalhos, podemos destacar cursos, presenciais e on-line, telefones de atendimento (132), material gráfico para professores, Obid, Conad etc. Informe-se pelo site www.senad.org.br.

Associação Brasileira Multidisciplinar de Estudos sobre Drogas (Abramd)
Em abril de 2005, um grupo de profissionais de diferentes formações e de diversos estados brasileiros iniciaram uma mobilização da categoria para a criação de uma associação multidisciplinar de estudos na área de drogas, buscando um fórum coletivo de debates e reflexão sobre o tema, de abrangência nacional. A Abramd, desde então, vem se consolidando como este fórum de discussão e de intercâmbio científico, dentro de uma visão ampla e multidisciplinar. Site: www.abramd.org.br.

Grupo de encontros e conversas sobre prevenção ao uso indevido de drogas da Sociedade Brasileira de Psicanálise de São Paulo

Como o nome diz, grupo de encontros oferecido semestralmente pelo setor de parcerias e convênios da Sociedade Brasileira de Psicanálise de São Paulo, para educadores e profissionais da saúde da rede pública. Esse grupo é gratuito para a comunidade. Mais informações no site www.sbpsp.org.br.

Referências bibliográficas

ARATANGY, L. R. **Conversas e desconversas sobre drogas.** São Paulo: Olho D'Água, 1991.

ARIES, P. **História social da criança e da família.** Rio de Janeiro: LTC, 1981.

BRASILIANO, S. **A comorbidade entre substâncias psicoativas e transtornos alimentares: perfil e evolução de mulheres em um tratamento específico para dependência química.** 2005. Tese (Doutorado em Fisiopatologia Experimental) – Faculdade de Medicina da USP, 2005. Disponível em: <http://www.teses.usp.br/teses/disponiveis/5/5160/tde-21082007-113755/pt-br.php>. Acesso em: 8 out. 2015.

CARLINI-COTRIM, B.; PINSKY, I. **Prevenção ao abuso de drogas na escola, uma revisão da literatura recente.** Cadernos de Pesquisa, São Paulo, n. 69, p48-52 mai., 1989. Disponível em: <http://www.fcc.org.br/pesquisa/publicacoes/cp/arquivos/874.pdf>. Acesso em: 8 out. 2015

_____ et al. **A mídia na fabricação do pânico de drogas: um estudo no Brasil.** Rio de Janeiro: Comunicação e Política 1, v. 2, 1994.

CAVALCANTI, L. **A necessidade de reinventar a prevenção.** Entrevista para a Revista Peddro – Publicação da Unesco, Comissão Europeia e Onusida, dez., 2001.

CEBRID. **Livreto informativo sobre drogas psicotrópicas,** 2013.

DESLANDES, S. F.; JUNQUEIRA, M. F. P. S. **Resiliência e maus tratos à criança.** Cadernos de Saúde Pública, Rio de Janeiro, 19(1), jan./fev., 2003.

DSM-5. **Manual diagnóstico e estatístico de transtornos mentais.** 5. ed. Porto Alegre: Artmed, 2014.

EDWARDS, G.; MARSHALL, E. J.; COOK, C. C. H. **O tratamento do alcoolismo – Um guia para profissionais de saúde.** 4. ed. Porto Alegre: Artes Médicas, 2005.

ESCOHOTADO, A. **Historia de las drogas.** Madri: Alianza Editorial, 1995.

GOLDENBERG, P. **O guia do enxoval do bebê nos Estados Unidos.** São Paulo: Panda Books, 2014.

HENMAN, A. **A guerra às drogas é uma guerra etnocida.** Religião e Sociedade, Rio de Janeiro, v. 10, p37-48, 1983.

KALINA, E.; KOVADLOFF, S. **Drogadição – indivíduo, família e sociedade.** Rio de Janeiro: Francisco Alves, 1976.

LAMBOY, M. E.; ZEMEL, M. L. S. **Liberdade é poder decidir – sobre drogas.** São Paulo: FTD, 2000.

LE POULICHET, S. Entrevista "Corpo Estranho". Disponível em: <www.appoa.com.br/uploads/arquivos/.../revista26_-_corpo_estranho.pdf>. Acesso em: 13 jul. 2015.

_____. **Toxicomanias e psicoanalisis; las narcosis del deseo.** Traduzido por J. L. Etcheverry. Buenos Aires: Amorrotu, 1990.

_____. **L'art du danger. De la détresse à la création.** Collection "Psychanalyse" dirigée par Michel Gardaz. Paris: E. Antrhopos, 1996.

MASUR, J. **A questão do alcoolismo.** São Paulo: Brasiliense, 1984.

_____; CARLINI, E. A. **Drogas: subsídios para uma discussão.** São Paulo: Brasiliense, 1989.

OLIEVENSTEIN, C. **A vida do toxicômano.** Rio de Janeiro: Zahar, 1983.

RAMOS, S. P.; BERTOLOTE, J. M. et al. **Alcoolismos hoje.** Porto Alegre: Artes Médicas, 1997.

RONZANI, T. M. (Org.). **Ações integradas sobre drogas – Prevenção, abordagens e políticas públicas.** Juiz de Fora: UFJF, 2013.

RUBIN, C. **Não seja vítima dos seus filhos – Um guia para pais de filhos dependentes de álcool e drogas.** São Paulo: Summus, 1999.

SEIBEL, S. D.; TOSCANO, A. (orgs.). **Dependência de drogas.** São Paulo: Atheneu, 2001.

SILVEIRA, D. X.; MOREIRA, F. G. (orgs.). **Panorama atual de**

drogas e dependências. São Paulo: Atheneu, 2006.

UNIVERSIDADE FEDERAL DO RECÔNCAVO DA BAHIA. **Curso Supera.** Cruz das Almas: 2014.

ZEMEL, M. L. S. **O papel da família no tratamento da dependência.** Revista IMESC n. 3, 2001, pp 46-63. Disponível em: <http://www.imesc.sp.gov.br/pdf/artigo%203%20-%20 O%20PAPEL%20DA%20FAM%C3%8DLIA%20NO%20 TRATAMENTO%20DA%20DEPEND%C3%8ANCIA.pdf>. Acesso em: 8 out. 2015.

_____. "Tratamento familiar de adolescentes com abuso de drogas: uma visão psicanalítica". In: SILVA, E.A. & DE MICHELI, D. **Adolescência – uso e abuso de drogas:** uma visão integrativa. São Paulo: FAP-Unifesp, 2011.

_____. "Prevenção – Novas formas de pensar e enfrentar o problema". In: **Prevenção ao uso indevido de drogas – Capacitação para conselheiros e lideranças comunitárias.** 3. ed. Brasília: Presidência da República. Secretaria Nacional de Políticas sobre Drogas – Senad, 2010.

GRÁFICA PAYM
Tel. [11] 4392-3344
paym@graficapaym.com.br